사랑하는 _____ 에게

주님의 평안을 빌며,

사랑하는 친구에게

IVP(InterVarsity Press)는
캠퍼스와 세상 속의 하나님 나라 운동을 지향하는
IVF(InterVarsity Christian Fellowship)의 출판부로
생각하는 그리스도인을 위한 문서 운동을 실천합니다.

Copyright © 1998 by Eugene H. Peterson
Originally published in English under the title
The Wisdom of Each Other by Zondervan Publishing House
Grand Rapids, Michigan 49530, U.S.A.
All rights reserved.

Translated into Korean by permission of EUGENE H. PETERSON
Author is represented by Alive Literary Agency
7680 Goddard Street, Suite 200, Colorado Springs, Co 80920, U.S.A.
www.aliveliterary.com.
License arranged through rMaeng2, Seoul, Republic of Korea.

This Korean edition copyright © 2018 by Korea InterVarsity Press
156-10 Donggyo-Ro, Mapo-Gu, Seoul 04031, Republic of Korea.

이 한국어판의 저작권은 알맹2 에이전시를 통하여
Alive Communication, Ind.와 독점 계약한 IVP에 있습니다.
신 저작권법에 의하여 한국 내에서 보호받는 저작물이므로
무단 전재와 무단 복제를 금합니다.

사랑하는 친구에게

유진 피터슨
양혜원 옮김

IVP

"너희를 친구라 하였노니…"(요 15:15)

차례

머리말　11

1. 하나님의 편이 되기로 한 친구에게　19
2. 교회를 찾은 친구에게　22
3. 교회 구성원들과 관심사가 다른 친구에게　23
4. 찬송에 매력을 느끼지 못하는 친구에게　26
5. '영적'이라는 말의 참 의미가 궁금한 친구에게　27
6. 겨울을 맞이하며 친구에게 1　30
7. 영적 삶에 대해 묻는 친구에게　31
8. 수련회 등의 집회를 중요시하는 친구에게　34
9. 큰일을 위해 기도하려는 친구에게　37
10. 모임에서 상처받은 친구에게　39
11. 기도 훈련이 익숙하지 않은 친구에게　40
12. 기도를 잘하고 싶은 친구에게 1　43
13. 자연에서 신의 손길을 느끼고 싶은 친구에게　45
14. 영적이라는 말을 오해하는 친구에게　47

15. 하나님을 일찍 만나지 못했다고 후회하는 친구에게 50
16. 구체적으로 기도하는 것을 의심하는 친구에게 52
17. 목회자에게 실망한 친구에게 55
18. 신학자가 필요한 친구에게 58
19. 신앙에 도움이 될 책을 찾는 친구에게 61
20. 하루빨리 경건해지고 싶은 친구에게 64
21. 그리스도인과의 교제를 기대하는 친구에게 66
22. 교회를 옮기라는 초대를 받은 친구에게 68
23. 영적 현상에 지나치게 몰두하는 친구에게 70
24. 일상이 무미건조하다고 느끼는 친구에게 72
25. 그리스도인의 책 읽기를 고민하는 친구에게 1 74
26. 그리스도인의 책 읽기를 고민하는 친구에게 2 77
27. 가족 간의 화해의 여정에 있는 친구에게 81
28. 죽음을 묵상하는 친구에게 85
29. 영혼의 어두운 밤을 지나고 있는 친구에게 87
30. 영적 지도자를 찾는 친구에게 1 91
31. 세상 속의 그리스도인으로 살아가는 친구에게 95
32. 다양한 방식으로 기도하는 법을 잊은 친구에게 98
33. 그리스도인으로서 성장하고 싶은 친구에게 100
34. 교회 프로젝트를 맡아 달라고 제안받은 친구에게 103
35. 기도할 시간을 찾고 있는 친구에게 108

36. 친구를 전도해 놓고 염려하는 친구에게   112

37. 영적 지도자를 찾는 친구에게 2   114

38. 교회를 떠난 자녀를 둔 친구에게   117

39. 기도의 공동체를 찾은 친구에게   120

40. 자연에서 은혜를 누리는 친구에게   121

41. 안팎으로 어려움을 겪고 있는 친구에게   123

42. 신앙이 드러나는 양상을 고민하는 친구에게   125

43. 청소년을 어떻게 이끌지 고심하는 친구에게   127

44. 청소년 모임을 준비하는 친구에게   131

45. 훈련의 중요성을 강조하는 친구에게   135

46. 하나님에게서 멀어진 것처럼 느끼는 친구에게   137

47. 종교적 일들을 고민하는 친구에게   139

48. 뉴에이지에 관심을 갖는 자녀를 걱정하는 친구에게   142

49. 성경 공부 모임을 인도하는 친구에게 1   144

50. 성경 공부 모임을 인도하는 친구에게 2   148

51. 기도를 잘하고 싶은 친구에게 2   151

52. 중요한 결정을 앞둔 친구에게   154

53. 겨울을 맞이하며 친구에게 2   157

54. 교회와 삶의 본질을 고민하는 친구에게   159

이 책에 관하여   165

일러두기

- 이 책은 『교회에 첫발을 디딘 내 친구에게』(홍성사)의 장정과 편집을 새롭게 한 책입니다.
- 각 편지의 제목은 주제가 분명하게 드러나도록 한국어판 편집자가 덧붙인 것입니다.

머리말

최근에 나는 몇 명의 친구들과 대화를 나누면서, 한 낯선 사람과 우연히 만났던 일을 이야기했습니다. 내 생각에 그 만남에는 복음의 울림이 있었고, 나는 깊은 감동을 받았습니다. 그런데 이야기를 듣고 있던 친구 한 명이 말을 가로챘습니다. "좋은 얘기인 것 같군. 그런데 그 근거가 되는 성경 본문을 정확히 알고 싶어. 성경 어디에 그런 말이 나와 있지?" 나는 그 자리에서 정확한 본문이 생각이 나지 않았습니다. 대화는 거기에서 끝나 버렸습니다. 성경 공부 지도자로서 당연히 제시해야 할 증거자료가 나에게 없다는 이유로 경건한 대화가 쓰레기처럼 버려진 것입니다.

이런 일은 자주 일어납니다. 친구 간의 '상담'이라는 영역 자체가 없어져 버렸습니다. 같은 일을 하는 동료들 간에 쉽게 오갈 수 있는 경건한 대화, 즉 영적 상담은 갈수록 줄어들고 있습니다. 예수님은 제자들과 마지막으로 긴 대화를 나누실 때 그들을 '친구'라고 부르심으로써(요 15:15), 그 같은 대화를 계속해 나가도록 격려하는 단어를 처음 사용하셨습니다. '친구'라는 말은, 위계가 없고 열려 있으며 격의 없고 자발적인 예수님의 동료들 가운데로 우리를 끌어들입니다. 예수님의 친구들은 대화를 통해 책임 있고 친밀한 관계를 발전시킵니다. 이러한 관계의 특징은, 형식적으로 말하지 않으며 서로 도전하기 위해 성경 본문을 찾지 않는다는 것입니다. 우리는 예수님의 친구로서 우리 마음속에 있는 감정이나 생각들을 간단하게 이야기할 뿐입니다.

그리스도인들은 하나님의 말씀(예수님 자신 그리고 예수님을 증명하는 성경)의 권위를 확고하게, 이의 없이 받아들입니다. 하나님의 계시에 충실하려는 그 마음 때문에 그보다 권위가 약해 보이는 동료나 친구들의 충고를 멸시하거나 거부할 때가 가끔 있습니다. 성경과 복음의 권위를 높이는 데 전념하는 것과 성경 본문을 해석하는 내용이 아니면 그 누구의 말도 들으려고 하지 않는 태도를 동일시하는 것입니다.

역설적이게도, 성경의 권위에 대한 이 같은 배타적 태도 때문에 오히려 일상에서는 세속 심리학의 해로운 영향력에 노출되어 버립니다. 구원은 아무 문제가 되지 않습니다. 그에 관해서는 분명한 본문이 있으니까요. 하지만 남편이나 아내가 개수대에 더러운 그릇들을 쌓아 놓거나, 목회자가 지금 있는 교회보다 더 좋은 자리가 있다고 해서 교인들을 버리고 떠나려고 할 때처럼, 경우에 꼭 맞는 성경 본문이 없는 상황에서는 어떻게 해야 할까요?

내가 이 점을 언급하는 이유는, 배우자가 더러운 접시를 쌓아 놓거나 목회자가 교인들을 실망시키는 것과 같은 문제에 관해 상담을 요청하는 편지가 수없이 많이 오기 때문입니다. 나도 그만큼 많은 답장을 쓰지요. 편지를 주고받는 것이 내가 아주 선호하는 그리스도인의 대화 방식입니다. 이렇게 편지가 많이 온다는 사실을 곰곰이 생각해 볼 때마다 놀라지 않을 수 없습니다. 커뮤니케이션 산업에 종사하는 전문가들은 적어도 내가 말하는 종류의 편지 쓰기는 이제 마차(馬車)만큼 낡은 방식, 비효율적이고 느리고 귀찮은 방식이라고 말하기 때문입니다. 그런데도 내 우편함은 날마다 편지로 가득 찹니다.

나에게 온 편지의 대부분은 아니지만 상당히 많은 편지는 어떤 식으로든 그리스도인으로 살면서 겪는 아주 세세한 문제들을 다룹니다. 이 또한 놀랍습니다. 왜냐하면 이 문제에 대해서 나보다 훨씬 더 많이 공부한 사람들이 수없이 많고, 이 분야에서 기독교 공동체가 고전으로 인정하는 책들도 많기 때문입니다. 이런 문제들이 궁금하다면 왜 곧바로 최고의 자료들을 찾아보지 않을까요? 왜 도서관이나 서점에 가서 최고로 인정받는 책을 구해 보지 않을까요? 문의만 하면 이런 책들을 쉽게 구할 수 있는데도, 내 우편함은 날마다 편지로 가득 찹니다.

그러나 나의 놀라움이 그리 오래간 적은 없습니다. 왜냐하면 기술적 효율성이나 최신 정보가 별 도움이 되지 않는 삶의 영역이 많다는 사실을 알기 때문입니다. 우리는 일을 하거나 일정한 생활수준을 유지하기 위해서는 기술이나 정보가 주는 혜택에 의존합니다. 그러나 대부분의 영역에서는 그것에 의존해서 살지 않습니다. 우리는 몸짓과 말씨, 사람들의 인정과 태도, 엽서와 편지 그리고 친구 같은 작은 것들에 의존해서 삽니다.

그래서 많은 사람이 편지를 주고받는 것을 좋아합니다. 나는 편지를 싫어하는 사람을 본 적이 거의 없습니다(적어도 편지를 받는 것은 누구나 좋아하지요. 편지 쓰는 일은 얘기가 다를 때가 많지만!). 사생활을 침해하는 것처럼 느껴질 때가 많은 전화와 달리 개인적 편지는 친밀감을 줍니다.

나는 나에게 온 많은 우편물 중에서 개인이 쓴 편지를 가장 먼저 읽습니다. 재미있는 소설을 읽는 중이든지 학문 연구에 열정적으로 몰두하는 중이든지 간에, 내 이름 앞으로 온 개인적인 편지가 책상 위에 있으면 그것부터 뜯어서 읽습니다. 나뿐 아니라 우리 대부분은 누군가 '나에게' 보낸 글, '나에게만' 보낸 글을 읽고 싶어 합니다.

그리스도인들이 일반적으로 그리고 가장 많이 사용하는 대화의 형태는 설교와 가르침입니다. 당연한 일이지요. 우리에게는 세상에 선포해야 할 엄청난 구원의 소식이 있고, 그것을 분명하고도 빨리 전해야 할 필요가 있으니까요. 하나님과 우리 자신에 대해 계시된 진리를 지닌 우리는 이것을 최대한 분명하게 전해야 합니다. 그러나 설교와 가르침이 형식과 내용을 제공해 주는 그 커다란 맥락 안에는 설교와 가르침만큼 두드러지지는 않지만 그만큼 중요한 또 다른 언어 사용 방식이 있습니다. 바로 질문과 대화, 논평과 반추, 충고와 제안입니다. 이것은 좀더 조용하게 언어를 사용하는 방식이며, 종교적 이야기를 위해 별도로 마련하지 않은 시간과 장소에서 사용하는 방식입니다. 말로 표현되는 것만큼이나 말로 표현되지 않는 것에서 많은 내용이 전달되는 방식이기도 하지요. 머뭇거림과 혼잣말이 특징인 이 언어에는, 설교자나 교사들에게서 흔히 볼 수 있는 권위주의적 불손함이 거의 나타나지 않습니다.

기독교 공동체 안에서 이렇게 격의 없이 자연스럽게 이루어지는 교제를 일반적으로 '영적 상담'이라고 합니다. 영적 상담은 설교할 때처럼 권위 있게 하는 것이 아닙니다. 또 가르칠 때처럼 정확하게 할 수 있는 것도 아닙니다. 영적 상담은 성경적 대화 방식 세 가지 중에서 가장 겸손한 자리를 차지할 수밖에 없습니다. 이것은 말수가 적고 수줍고 어색한 대화 방식이지요. 사실 나는 '영적 상담'이라는 말을 쓰는 걸 꺼립니다. 이 말에 혹시 '고양된 대화' 혹은 '거룩한 대화'라는 암시가 나타나지 않을까 싶어서지요. 영적 상담은 겉으로 보기에 긴급하지도 않고 종교적이지도 않은 관심사들로 이루어질 때가 훨씬 더 많습니다. 영적 상담은 예수님을 따르는—성령이 자갈과 잡초뿐인 **나의 인생으로부터** 열매라고 불릴 만한 것들을 어떻게 만들어 내실지 기대하는 가운데, 주변 환경과 주변 사람들을 통해 속삭이시는 그분의 음성에 귀 기울이는—매일의 삶, 그 한 걸음 한 걸음에 관한 것입니다. 사고나 질병 혹은 사별 같은 큰 재난이 닥쳤을 때는, 신실한 목회자나 영적 친구들이 손때 묻은 성경을 들고 찾아와 우리가 겪고 있는 일이 하나님의 섭리라는 큰 구조 안에서 어떤 자리를 차지하는지 보여 줄 것을 기대할 수 있습니다.

그러나 '평상시'의 그 긴 나날은 어떻게 해야 할까요? 일요일 예배 후 교회 주차장에서 나누는 대화들은 신성한 설교단에서 전달되는 설교만큼이나 기독교적입니다. 아이들을 재우는 일에 관한 자잘한 이야기들은 가장 엄숙한 성만찬만큼이나 성스럽습니다. 우리의 삶은 위기로만 이루어져 있지 **않습니다**. 우리에게는 그리스도 안에서 사는 일상적 삶을 놓고 이야기하는 방법도 필요합니다.

그러나 선조들이 이러한 대화 방식을 아주 가치 있게 생각했음에도 불구하고, 오늘날에는 외면당하고 있는 것이 현실입니다. 삶과 복음의 모든 영역을 다루려면 일상적 대화도 설교나 가르침만큼 중요한 것으로 인정받아야 합니다. 비록 설교나 가르침과 똑같은 권위를 부여받지는 못하더라도 말입니다.

일상적 대화가 글의 형식을 취하면, 그것은 대개 편지가 됩니다. '앤에게'라고 받을 사람의 이름을 적고 서명을 하고 주소를 적어서 지도에 나와 있는 구체적인 한 장소로 보내는 개인적 편지가 되는 것입니다. 별것 아닌 것처럼 보이는 이 편지들은 생각보다 훨씬 더 큰 결과를 낳는 경우가 많습니다. 사도 바울의 편지들처럼 신약에 처음으로 포함된 문서들도 바로 그런 편지였습니다.

이 책에 나오는 편지의 수신인은 거너 소킬드슨(Gunnar Thorkildsson)입니다. 그는 출생증명서와 주민등록번호로 존재를 입증할 수 있는 실제 인물이 아닙니다. 그러나 그는 사실적 인물입니다. 거너에 관해 내가 **만들어 낸** 것은 하나도 없습니다. 그의 삶과 **영혼과** 그 모든 것에 관한 나의 대답들은 모두 출생증명서와 주민등록번호를 가진 실존 인물들과의 만남에서 나왔습니다. 단지 편의상(그리고 비밀을 지키기 위해) 나는 이 편지들을 거너에게 보냈습니다. 이 책에 실린 편지와 내가 실제로 쓰는 편지의 유일한 차이점은, 이 편지에는 우표를 붙일 필요가 없다는 것뿐입니다.

1. 하나님의 편이 되기로 한 친구에게

네 편지를 받고 무척 놀랐지만, 한편으론 무척 반가웠다는 말부터 해야겠어. 이게 얼마 만이야! 가끔 네 이름이 언급되는 소식을 듣긴 했지만, 네가 어떻게 살고 있는지 알 만한 소식을 들은 적은 한 번도 없었어. 그러니까 사실상 대학 졸업식에서 마지막으로 본 후로 40년간 전혀 소식을 듣지 못한 셈이지.

네 말처럼 우리가 아주 다르게 살아온 건 사실이야. 하지만 실제로는 우리가 과연 얼마나 다르게 살았을까 싶어. 겉으로 보기에야 물론 다르지. 너는 큰 회의를 품고 온 세계를 돌아다녔지만 나는 내 작은 교구에서 작은 믿음을 가꾸었고, 너는 믿음을 떠났지만 나는 그 안에 있었으니까. 하지만 네 편지를 읽다 보니 그 글귀 사이사이에서 네 목소리의 억양을 그대로 느낄 수 있었고, 우리가 함께 자라면서 맛보았던 영혼의 친밀감,

우리를 그토록 친한 사이로 만들어 주었던 예전의 그 친밀감을 다시 느낄 수 있었어.

그러니 우리의 삶이 결국에는 그리 다르지 않았다고 할 수 있지 않을까. 하나님은 우리 두 사람 모두의 의식과 행동의 중심을 붙잡고 계셨어. 네가 하나님을 향해 주먹을 휘두른 것과 내가 하나님과 악수를 나눈 것의 차이는, 우리 두 사람의 삶을 지배하신 분이 바로 하나님이시라는 사실만큼은 중요하지 않은 것 같아. 처음부터 끝까지 우리가 씨름한 대상이 하나님이셨다는 것을 너도 알잖아.

"내가 그토록 격렬하게 반항했던 하나님을 의식하지 않은 날은 거의 없었다"는 네 말은 역설적으로 느껴졌어. 어쩌면 그동안 하나님을 믿지 않았던 네가 하나님을 믿는 나보다 그분에 대해 더 많이 생각했을지도 모른다는 생각이 들었거든. 동료들끼리는 서로 편안한 마음을 가지고 많은 것을 당연하게 받아들이지만, 경쟁자끼리는 계속해서 서로 경계해야 하는 법이니까.

"이제야말로 하나님과 경쟁하기를 그만두고 그분 편이 되기로 했다"는 네 말이 맘에 들었어. 네가 얼마나 성경적으로 네 결심을 표현해 냈는지 아니? 인생의 기본적 결정은 결국 하나님을 믿을 것이냐 말 것이냐의 문제가 아니라, 하나님을 경배할 것이냐 하나님과 경쟁할 것이냐의 문제거든. 여기서 말하는 경쟁을 성경적 용어로 보통 '우상숭배'라고 하지.

어쨌거나 우리가 서로 다른 상황 속에서 서로 다른 방법으로 하나님께 몰두해 온 이 40년간의 침묵 후에, 예전처럼 다시 대화를 시작한 것은 흥미로운 일이 될 거야.

주님의 평화를 빌며,
유진

2. 교회를 찾은 친구에게

함께할 교회를 찾아서 다행이야. 그것도 그렇게 빨리. 네가 전에 교회와 얽힌 부정적 경험을 많이 한 걸 생각하면 더욱 다행이야. 수년간 네가 광야에서 방황한 것도 주로는 그 때문이었지. 하지만 네 말이 옳아. 외로운 방랑자는 될 수 있지만, 외로운 그리스도인이 될 수는 없지.

우리 두 사람을 생각하면 참 신기해. 우리는 몹시 다르면서도 몹시 닮았거든. 넌 대륙의 심장부에 새로 정착했고, 난 대륙의 서부 끝에 간신히 걸쳐 있지. 북위 49도의 팽팽한 선이 우리를 갈라놓고 있으면서도 연결시키고 있어. 앞으로 우리를 연결시키는 걸 훨씬 더 많이 찾을 거라는 기대가 생기는걸.

주님의 평화를 빌며,
유진

3. 교회 구성원들과 관심사가 다른 친구에게

별로 오래가진 않은 셈이지? 교회에 대한 너의 로맨스 말이야. 하나님은 **죄인들**을 회개를 통해 부르셨다는 것, 구원의 복음이 그럴싸하게 들려서 받아들이기로 결심한 죄인 중 많은 사람이 부르심을 받고도 '회개'라는 부분을 도중에 그만 **빠뜨리고** 만다는 걸 그렇게 쉽게 잊고 있었던 거야? 지금 너는 그다지 친밀감을 느끼지 못하는 친구들 틈에 끼게 되었다고 생각하고 있는 듯해.

네가 그 사람들과 공통점을 거의 한 가지도 찾을 수 없다고 했지만 그것이야말로 중요한 점이 아닐까? **너는** 그들과 아무 공통점도 없지만, **하나님**이 계시잖아. 그것이 바로 하나님이 그분의 나라를 만들어 나가시는 방법이지. 그분은 서로 다른 조건의 다양한 사람들을 끌어 모아, 인내와 긍휼과 은혜로 그들에게서 훌륭한 것을 만들어 내셔. 그분은 서로 취미가 같고 잘 어울릴 만한 사람들을 미리 뽑아 두시는 일 같은 건 절대 하지 않으시지. 네가 그들과 공통점이 거의 없는 건 당연한 일이야. 교회는 하나님의 것이지 네 것이 아니니까.

전에 네가 그리스도인으로 돌아오게 된 동기를 말해 주었지. 지금까지 너는 스스로 신이 되려고 했고 네 표현대로 그 일에 "전력을 다했지만" 결국 완전히 엉망이 되었다고 말이야. 그때 너의 주요 전략 중 하나가 바로 공통점이 있는 사람들하고만 의도적으로 친분을 맺는 것 아니었니? 너는 그것이 정직의 문제라고 했지. 하지만 그 결과를 봐. 첫 번째 아내의 경우에는 네 쪽에서 먼저 그녀와 공통점이 없어졌다는 이유로 헤어졌고, 두 번째 아내의 경우에는 그쪽에서 먼저 너와 공통점이 없어졌다는 이유로 헤어지자고 했지. 그리고 '더는 맞지 않는다'는 이유로 그만둔 직장도 꽤 많지 아마? 물론 너는 과학자로서 비상한 능력을 지녔기 때문에 전보다 더 나은 직장을 구하는 데 어려움이 없었어. 하지만 감정적인 면에서나 지적인 면에서나, 직장에서 네가 원하는 방식의 동료애를 고집한 결과를 봐. 지금 너에겐 가족도 친구도 없잖아.

그런데 하나님이 일하시는 방법을 지레짐작하면서 또다시

같은 실수를 하려고 하다니. 지난 수년 동안 너는 하나님과 많은 논쟁을 했고 거의 매번 졌다고 했지. 이번 일도 포기하고 그냥 하나님께 맡기는 게 어떨까? 교회는 공통의 관심을 가진 사람들로 이루어진 자연적 공동체가 아니라 **초**자연적 공동체야. 여기서 **초**(super)라는 말은 너의 기대를 넘어선다는 뜻이 아니라 너의 기대와 **다르다**는 뜻이야. 아직 너에게는 그 다른 점들이 거의 보이지 않을 테지만 말이야.

내 말이 신랄하게 들렸다면 미안해. 하지만 난 네가 교회 문제에서부터 잘못 출발하기를 바라지 않아. 내 말을 믿어. 네가 교인 중 누군가와 공통점을 찾게 되는 것보다 훨씬 더 큰 일이 진행되고 있어. 일요일에 80명 남짓 모이는 그 교회로 돌아가렴. 돌아가서 성경 봉독과 설교 말씀을 믿음으로 듣고 기도하며 성례를 통해 예수님을 영접하고 이웃을 축복해 줘. 그리고 하나님의 나라를 기다리는 거야. 이것이 바로 서투른 사람들 가운데서 거룩한 삶을 만들어 내시는 성령의 방식이야.

주님의 평화를 빌며,
유진

4. 찬송에 매력을 느끼지 못하는 친구에게

아니, 찬송가를 꼭 좋아해야 할 필요는 없어. 하지만 네 말대로 찬송가를 부를 필요는 있어. 가능하면 음정과 박자를 다른 사람들과 비슷하게 맞춰서 말이야. 그건 겸손을 익히기에 아주 좋은 훈련이 될 거야.

    주님의 평화를 빌며,
    유진

5. '영적'이라는 말의 참 의미가 궁금한 친구에게

네 기억이 정확해. 젊었을 때 난 '영적'이라는 단어를 아주 **미심쩍어했지**. 지금도 마찬가지고. 이런 의구심이 처음 생긴 것은 호수로 가는 길 중간쯤에 있던 '실로센터'라는 수양관 주변을 기웃거리던 때 같아. 가끔 그곳에 함께 들르곤 했잖아. 내가 기억하기로는 우린 그곳 사람들의 열정과 뜨거운 분위기에 마음을 빼앗겼지. 얼마나 영적인 곳이었니! 또 얼마나 영적인 사람들이었고! 너는 대화를 시작한 지 30초가 지나기 전에 '영적'이라는 단어를 사용하지 않았다는 이유로 '비영적인 사람'으로 찍혀 요주의 인물이 되었지. '좀더 깊은 삶' '제2의 축복' 같은 문구들은 황홀경에 대한 암시를 내비쳤고, 흥분 잘하는 청년기의 우리는 모험이 될 듯하다 싶으면 무엇이든 받아들일 준비가 되어 있었어. 특히 그것이 모험이 될 뿐 아니라 우리를 기독교 상류층에 끼워 줄 기미가 보이면 더 기꺼이.

그 센터에서 맛본 황홀경이 일상생활과 별 연관이 없다는 사실을 먼저 눈치챈 사람은 너였어. 나도 이내 깨달았지만 말이야. 친구들의 어머니들은 여전히 심술궂었지. 그 센터에서 환상과 예언으로 존경을 받았던 역사 선생님 빌링턴은 학교에서는 여전히 가장 고약하게 굴었고.

나는 요한일서 4장 8절 말씀("사랑하지 아니하는 자는 하나님을 알지 못하나니⋯")을 이른바 영적인 사람들을 평가하는 기준으로 적용하기 시작했는데, 놀랍게도 그들 중 대부분에게 잘해야 'C 마이너스'밖에 줄 수 없다는 사실을 알았어. 하지만 다른 이들의 영혼의 상태를 채점하는 건 위험한 일이야. 다른 사람의 점수를 매기다 보면 자신의 영혼을 잃기 쉽다는 점을 그리 어렵지 않게 알 수 있거든. 그래서 나는 채점하기를 그만두었지.

하지만 그때부터는 '영적'이라는 말을 조심해서 쓰기 시작했고, 가능하면 그 말을 사용하지 않게 되었어. 그 말은 성(聖)과 속(俗), 안과 밖, 세련된 종교적 감수성과 일상생활에 필요한 거추장스런 일들―기저귀를 갈고, 세금을 내고, 바꿀 수 없는 직업에 책임을 다하는 것 등―을 갈라놓는 표시처럼 보일 때가 너무나 많거든. 이처럼 '영적'이라는 말이 엘리트주의를 암시하는 한, 나는 가능하면 그 말을 쓰지 않을 작정이야.

아주 오랜 공백 끝에 다시 그리스도인의 공동체에 들어왔으니, 너 역시 기독교 용어들의 정확한 참뜻을 알기 위해 처음부터 다시 살펴보아야겠다는 생각을 할 거야. 그리스도인은 자신이 사용하는 말과 그 말을 사용하는 방법에 매우 주의해야 해.

주님의 평화를 빌며,
유진

6. 겨울을 맞이하며 친구에게 1

브리티시컬럼비아의 겨울비가 시작되었어. 앞으로 몇 달간은 이렇게 캐나다의 보슬비와 박무 그리고 안개가 계속되겠지. 사실 나는 오래도록 계속되는 이 우기를 좋아하게 되었어. 이런 날씨는 꾸밈이 없고 솔직담백해서 환상과 자기중심적인 기대에 사로잡힌 우리의 세속적·종교적 문화에 찬물을 끼얹는 것처럼 보이거든. 여백을 만들라는 격려를 평소에 거의 받지 못하는지라, 이렇게 날씨가 우리를 대신해서 그 격려를 해 줄 때면 마치 선물을 받은 것 같아. 우리를 비우지 않고서 어떻게 성령 충만을 받을 준비가 되었다고 할 수 있을까?

주님의 평화를 빌며,
유진

7. 영적 삶에 대해 묻는 친구에게

영적 삶을 어떻게 시작할 수 있느냐는 네 질문의 뜻을 알 것 같아. 내가 이해한 대로라면, 너는 그리스도인으로서 아무렇게나 사는 것이 아니라 계획을 가지고 살고 싶고, 판에 박힌 관습에 따라 사는 것이 아니라 직접 경험해 가면서 살고 싶다는 거지? 그런데 네 표현에는 좀 문제가 있어. 영적 삶은 **네가** 시작하는 게 아니라 성령이 시작하시는 것이거든. 그리고 사실 그 삶은 오래전에 이미 시작되었어. 네가 그런 생각을 하기 전에 그분이 먼저 생각하고 계셨던 거지.

그러니까 문제는 '무엇을 할 것인가?'가 아니라 오히려 '내가 비협조적으로 살았던 그 여러 해 동안 성령은 어떤 일을 해 오셨으며, 지금은 또 어떤 일을 하고 계신가'야. 성령 하나님이 네 안에서 하고 계시는 이 일이 무엇인지 알고 깨닫는 데 내가 도움이 되면 좋겠다. 내가 무엇보다 먼저 도울 일은 네가 그리스도인의 삶을 하나의 프로젝트로 삼지 않도록 막는 거야. 하나님은 이미 너를 선택하셨어. 네 자신이 바로 그분의 프로젝트야.

빈약한 반론처럼 들릴지 모르지만 그렇지 않아. 우리 대부분은 간혹 그런 함정에 빠지곤 해. 우리는 스스로 구원할 수 없기에 그리스도가 필요하다는 사실을 깨닫고 그리스도인이 되지. 하지만 일단 그리스도인이 되고 난 후에는 우리가 직접 그 일을 떠맡으려고 해.

우리가 꼭 알아야 할 점은 이거야. 그리스도인의 삶은 네가 하고 있는 일을 가리키는 것이 아니라, 대개는 네게 이루어지는 일들을 가리킨다는 거야. 윌리엄 메러디스(William Meredith)는 "중국 보리수"(Chinese Banyan)라는 시에 그 의미를 잘 표현해 놓았어.

> 나는 심장을 쪼개고
> 길을 뒤엎는
> 보이지 않는 힘들에 대해 말한다.
> 말없는 사람들과 풀 속에
> 감추인 힘들에 대해…

우리는 모두 이 점을 자주 기억해야 해. 너에게 이 점을 상기시키는 것은 이번이 처음이지만, 마지막은 아닐 거야.

주님의 평화를 빌며,
유진

8. 수련회 등의 집회를 중요시하는 친구에게

기도와 영적인 삶을 위한 국제 수련회에서 좋은 시간을 가졌다니 기쁘다. 세계 각국의 그리스도인들과 모여 하나님을 향한 굶주림과 갈증, 열정을 함께 나눈 경험은 분명히 너에게 큰 기쁨이었을 거라 믿어. 그런 순간들은 정말 소중해. 네가 거기에 참석할 수 있어서 기쁘기 그지없어.

그 모임은 오순절 때의 모임과 비슷한 데가 있어. 그처럼 다양한 문화와 언어의 사람들이 한목소리로 하나님을 찬양하는 소리를 들을 수 있으니 말이야. 그럴 때면 마치 온 세계가 우리 주님을 찬양하고 있는 듯한 느낌이 들지.

하지만 6개월 후에 그와 비슷한 또 다른 집회에 참석할 계획이라는 말에는 좀 놀랐어. 영적 삶에 대한 수련회는 정말 멋지다고 생각해. 가끔은 말이야. 사실 **아주 가끔** 그렇다고 생각해. 그런 집회들은 순종하는 믿음의 삶을 사는 데 아무런 재료도 제공해 주지 못해. 영적으로 성숙한 삶을 사는 데는 거의 아무것도, 아니 전혀 아무것도 해 주지 못하지. 그런 집회들은 자극제에 불과해. 일종의 전채요리 같은 것으로서 영양분은 전혀 없다는 뜻이야. 지방은 많고 단백질은 적어.

영적인 삶에서 이런 집회들이 주된 요소가 되어 버린다면, 그것은 오히려 너의 영적인 삶을 엇나가게 하고 희석시킬 뿐이야. 네가 다음에 또 격려와 기분 전환이 필요하다면 사흘간의 하와이 여행을 예약해 두는 편이 더 나을 거야. 해변에 누워 하나님의 창조 세계 가운데 깊이 잠겼다 오는 거지.

내가 이렇게 말하는 이유는 그리스도인의 삶이 철저하게 유기적이라는 데 있어. 성령은 네가 살고 있는 특정한 환경—미네소타의 날씨, 시골 문화, 사이가 멀어진 두 아내, 냉담한 자녀들, 안정적 수입, 여전히 불편한 루터교 의식—가운데서 네 속에 영적인 생명을 키워 가시고, 그리스도의 생명을 이루어 가신단다.

네가 싱가포르에서 은혜를 받았다면, 그것은 참 좋은 일이야. 하지만 그때의 경험이 네가 사는 무어헤드에서도 동일하게 일어나리라고는 생각하지 마. 진정한 영성은 복제되지 않으니까. 영성은 프랜차이즈 사업이 아니거든. 그런데 어떤 사람들은 자신들이 영성을 팔 만한 자리로 점찍어 놓은 곳이라면 어디에 서건 영성의 금자탑을 세울 수 있다고 생각하는 것 같아.

주님의 평화를 빌며,
유진

9. 큰일을 위해 기도하려는 친구에게

네 말이 맞아. 네가 '큰일'이라고 이름 붙인 것들을 위해 기도하는 것은 적절하고도 중요한 일이라고 생각해. 우리가 할 수 있는 가장 크고도 포괄적인 행위인 기도가, 단지 안전하게 길을 건너고 진흙탕에서 벗어나는 일에만 국한되어서는 안 되니까. 예수님은 하나님의 이름과 나라와 뜻을 기도 제목 맨 앞에 두심으로써 우리 기도가 나아가야 할 방향을 잘 보여 주셨잖아.

그러니까 도시와 국가와 대통령과 지자체 단체장을 위해 우리의 주권자이신 하나님께 기도하는 것은 분명히 우리가 받은 명령의 범위를 넘어서는 일이 아니지. 그럼에도 불구하고 우리가 큰일을 위해서 기도할 때, 하나님의 응답은 보통 작고도 보이지 않는 방식으로 온다는 걸 기억해야 할 것 같아. 적어도 우리가 생각하기에는 작고도 보이지 않는 방식으로 말이야. 도시를 위해 큰일을 기도했는데, 신문이나 텔레비전에 나올 만큼 눈에 보이는 효과가 나타나지 않을 수도 있다는 뜻이야. 하나님은 우리와 아주 다른 방식으로 사물을 보셔. 우리의 임무는 열심히 그리고 신실하게 기도하는 거야. 우리는 그 기도가 어떤 식으로 응답될지 아는 척할 수가 없어.

프랑스의 소설가 조르주 베르나노스(George Bernanos)가 쓴 『어느 시골 신부의 일기』(*Diary of a Country Priest*, 민음사)에 내가 좋아하는 구절이 있어. "생각해 보라! 말씀이 육신이 되셨다―하지만 세상의 어떤 기자도 그 기사를 쓰지 않았다!" (혹시 이 책을 아직 읽지 않았다면, 꼭 구해서 읽어 봐. 많은 지혜가 담겨 있는 책이거든.)

주님의 평화를 빌며,
유진

10. 모임에서 상처받은 친구에게

그 공부 모임에서 네가 어떤 기분을 느꼈을지 정확히 알 것 같아. 지난밤에 나도 너와 비슷한 경험을 했거든. 어느 대학에 강사로 초대를 받아 강의를 하고 이어 진행된 토론회에 참석했지. 그 토론은 이십 대 초반의 두 남성이 주도하다시피 했는데, 그들은 내가 뒷자리에 앉아 있다는 사실을 모르고 있었어. 두 사람은 한 시간 동안이나 무지하고 경솔하고 난폭하게 다른 사람들의 말에 끼어들면서 기도나 가톨릭이나 신비주의를 내비치는 듯한 말들은 모조리 비판하더군. 이를테면 불도저식 영성이지. 정말 질려 버렸어.

주님의 평화를 빌며,
유진

11. 기도 훈련이 익숙하지 않은 친구에게

기도하는 습관을 들이면서 네가 겪는 어려움에 충분히 공감해. 그리스도인들이 실천하기로 했다가 실패한 결심들을 도표로 그릴 때, 맨 꼭대기를 차지하는 것이 바로 기도 훈련이거든. 그런 결심들은 결국 실행을 미루는 버릇이나 죄책감으로 굳어 버리기 쉽지.

이 답장 때문에 네가 죄책감을 더 많이 느끼게 되지 않기를 바라. 정말이야. 나 역시 시도했다가 실패하고, 시작했다가 그만두고, 결심했다가 뒤로 미루는 과정을 겪었어.

우리는 언제 **급한** 요구가 불쑥 고개를 들이밀지 모르는 변덕스러운 시대에 살고 있어. 믿음의 선조들이 살던 시대에는 대부분 성경과 기도가 일상생활 속에 배어 있었을 뿐 아니라, 사회구조의 지지를 받았지. 그러한 일상은 오늘날 팩스와 전화로 대체되었어.

200년 전에는 그리스도인 이발사나 목수, 주부, 농부들이 매일 한두 시간씩을 기도에 바치는 일이 드물지 않았지. 그런데 오늘날에는 사람들이 출근길이나 빨래가 끝나길 기다리는 빨래방에서, 혹은 쉬는 시간에 커피 한 잔을 마시면서 단 5분이라도 기도하는 모습을 볼 수 있으면 좋겠어. 그런 점에서 우리에게는 "할 수 없는 방식으로 기도하려 하지 말고 할 수 있는 방식으로 기도하라"고 했던 선조들의 지혜가 필요해. 기도의 양은 중요하지 않아. 적어도 초기 단계에서는 그렇지. 우리에게 씨와 소금의 비유를 가르쳐 주신 분은 바로 우리 주님이시잖아. 씨와 소금은 조금만 있어도 큰 변화를 일으키는 것들이야.

너처럼 성경을 읽고 기도하는 생활이나 습관이 낯선 사람들에게는 작게 시작하는 것이 가장 좋은 전략이야. 네 혼자 힘으로 현대 문화 전반에 대항하는 부담을 짊어져서는 안 된다는 말이야. 방해와 소음이 있더라도 그 속에 짧은 기도가 스며들도록 해 보렴. 수년 전에 내가 알고 지내던 한 친구는 값싼 성경을 사서 아침마다 한 장씩 찢어 셔츠 주머니에 쑤셔 넣고는, 일과 중 자투리 시간이 날 때마다 몇 줄씩 읽었대. 그리고 다 읽고 나면 구겨서 쓰레기통에 버렸지. 처음에 그 말을 들었을 때는 신성모독적인 행동 같았는데, 곰곰이 생각해 보니 신성모독 보다는 훌륭한 첩보 활동에 더 가깝더라.

주님의 평화를 빌며,
유진

12. 기도를 잘하고 싶은 친구에게 1

네 말이 맞아. 기도에는 그 이상의 것이 있어. 기도는 예수님을 믿고 따르는 우리 존재의 가장 중심부에 있지. 우리는 우리가 하는 모든 일과 우리 존재의 모든 부분에 기도가 스며들어서 그 모든 것을 감싸기를 바라. 또 우리는 "쉬지 말고 기도하라"는 사도 바울의 말씀을 추구하지. 이것만큼은 명백한 일이라고 생각해.

그런데 명백하지 않은 것이 있어. 우리가 추구하는 일은 순수한 의지력을 발휘하거나 계획표를 짜서 기도 시간을 점점 늘려 가는 식으로는 이루어지지 않거든.

지금 나는 너를 운전석에서 끌어내리려고 하는 거야. 기도는 성령이 네 안에서 하시는 일이야. 물론 네가 해야 할 몫도 있지만, 그건 주된 역할이 아니야.

기도에 대해서 우리가 알아야 할 가장 중요한 점은 예수님이 기도하신다는 것, 지금 이 순간 너를 위해 기도하고 계신다는 사실이야. 너와 나는 바로 이 큰 계시 안에서 기도하는 법을 배우고 있는 거야. 기도의 삶이라는 것은 내가 무엇을 하느냐 하지 않느냐의 문제가 아니라 예수님이 "하나님 아버지 우편에서" 무엇을 하시느냐, 지금 무엇을 하고 계시느냐의 문제야.

한 가지 제안을 할게. 앞으로 두세 주 동안 요한복음 17장과 히브리서 7장 24-25절을 읽으면서 깊이 생각해 봐. 예수님이 지금 기도하고 계셔. '예수님이 기도하고 계신다. 바로 나를 위해서'라는 이 실재 안에서 묵상하는 마음으로 살아 보는 거야. 긴장을 풀어. 기도를 더 잘하려고 너무 조바심 내지 말고 말이야. 그분이 지치거나 지겨워져서 너를 떠나시는 일은 결코 없어.

너의 상상력이 이 엄청난 사실에 적응하고 나면 기도할 때 네가 해야 할 역할에 대해서도 이야기할 수 있을 거야. 하지만 서두르지는 마. 시간이 좀 걸릴 테니.

주님의 평화를 빌며,
유진

13. 자연에서 신의 손길을 느끼고 싶은 친구에게

아침에 바닷가를 산책했어. 일주일에 두세 번은 이렇게 산책을 해. 아침 일찍 나가면 대개 혼자 이곳을 차지할 수 있지. 나는 이곳에서 바닷물에 실려 온 나무에 걸터앉아 산과 물과 하늘과 날씨의 세계를 한껏 음미하는 시간을 가져. 그리고 새들도. 새들을 보면 감탄이 나와. 흰뺨오리, 쇠오리, 푸른가슴왜가리, 청둥오리, 갈매기, 큰까마귀, 그리고 간혹 나타나는 흰머리독수리까지. 서로 얽히고설켜 있는 이 아름다움은 기도를 위한 좋은 날실이 되어 주곤 해.

오늘 아침에는 한 가지 풍경이 더 있었어. 지난겨울에 파도에 실려 오거나 폭풍에 쓸려 온 통나무들을 불도저가 치우고 있었거든. 불도저 앞에는 통나무를 들어 올려서 한 줄로 차곡차곡 쌓아 놓을 수 있는 신기한 장치가 달려 있었어. 정말 시끄럽고 정신없는 소리가 났지. 디젤엔진이 뿜어내는 고약한 냄새가 바닷가를 가득 채웠어.

그때 불현듯 한 가지 생각이 스쳤어. 그곳에는 시끄럽고 냄새나는 불도저를 보려고 열 명 남짓한 구경꾼들이 모여서 서로 이야기하며 이 훌륭한 기술에 감탄하고 있었어. 하지만 왜 전에는 그 사람들이 한 명도 나타나지 않았을까? 날씨와 새, 부목과 모래, 하늘과 물이 서로 어우러지며 그려 내는 풍경은 독가스를 뿜어내는 이 강철 덩어리보다 훨씬 더 아름답고 신비스러워. 그런데 왜 사람들은 날마다 벌어지는 겨울빛의 공연과 해변에서 열리는 새들의 춤은 외면하면서, 이 소음과 악취 덩어리를 보려고 편리하지도 않은 시간에 나타난 걸까?

나는 답을 알고 있어. 너도 알고 있을 거야. 기술에 감탄하느라 우리의 기도와 사랑이 방해받거나 밀려나는 것을 막으려면 얼마나 주의해야 하는지.

시카고에서 열린 기도회에 참석했을 때 너도 그렇게 느꼈니? 그럴지도 모른다는 생각이 들었어.

주님의 평화를 빌며,
유진

14. 영적이라는 말을 오해하는 친구에게

네가 '영적'이라는 말을 고집스럽게 쓰고 있는 것 같지 않니? 좀 지나치다는 생각이 들 정도로 말이야. 너와 난 이 말에 대해 아주 다른 감정을 가지고 있는 것 같아. 나보다는 네가 '영적'이라는 단어를 훨씬 더 좋아하는 게 분명해.

그도 그럴 것이 그동안 각자 살아온 세계가 많이도 달랐지. 너는 매우 세속적 세계, 그러니까 실험실과 실험 기구, 컴퓨터와 과학 보고서 속에서 살았고, 나는 종교적 세계, 즉 기도와 예배, 장례식과 세례식 속에서 살았잖아.

이성과 기술이 너의 세계를 대부분 장악하고 있었지. 한동안은 그것이 큰 매력이었지만, 나중에는 너 자신이 설명과 기술로 축소되는 듯한 느낌이 들면서 마치 질식할 것 같은 지경이 된 거야. 언젠가 편지에 전지전능한 어떤 것이 네 생명을 모조리 쥐어짜 내는 것 같다고 쓴 적이 있지. 네게는 숨을 쉴 공간이 필요했던 거야. 그래서 '영적'이라는 말만 들으면 맥락에 상관없이 생명과 호흡을 암시하는 것으로 받아들였고, 그토록 그리워했던 내면적 실체의 증거로 받아들였던 거지.

그 후 너는 기독교 신앙으로 돌아왔고, 그 증거들이 성령 안에서 확증되는 것을 발견했어. 네 생각을 넘어서는 '내면성'을 발견한 거야. 그러니 네가 '영적'이라는 말을 좋아할 수밖에. 그 말은 네가 환원주의적 합리주의와 기술주의라는 암흑과 어둠을 통과하며 길고도 고된 여행을 하는 동안, 저 멀리 수평선에서 너울대는 불빛 같은 것이었어. 그러다가 '돋는 해가 위로부터 임하여' 너에게 나타나니까, 예전에 보았던 그 불빛이 생각나서 마냥 기쁜 거야. 충분히 이해해.

하지만 나는 '영적'이라는 단어를 들으면 아주 다른 것이 생각나. 나의 세계는 '성령에 의해 예수님 안에서 계시된 성부 하나님'이라는 성삼위로 정의되어 왔거든. 나에게 영은 곧 하나님의 생명을 가져다주는 하나님의 영을 의미해. 통제받고 있으며 축소되고 있다고 느꼈던 너와 달리, 나는 더 넓은 곳, 더 열린 곳으로 초대를 받았다고 느껴 왔어. 또 네가 인생을 풀어야 할 문제로 여기는 사람들과 주로 만났던 것과 달리, 나는 인생을 탐험해야 할 신비로 받아들이는 사람들과 사귀어 왔고.

그러나 불행하게도, 내가 사귀어 온 사람들 중에도 예수님을 통해 하나님을 계시하시는 성령은 제쳐 놓은 채 영적 활력과 황홀감만 원하는 사람들이 많아. 그런 사람들은 '영적'인 것과 '더 영적'이 되는 방법을 끊임없이 이야기하지. 그렇게 되면 영성은 하나의 엘리트적 활동, 즉 자기들 나름대로 교사와 학문을 갖춘 일종의 속물적 기독교 하위문화가 되고 마는 거야. 그들이 결국 무슨 일을 하는지 아니? 좀더 영적인 존재가 되기 위해서 네가 최근에 떠나 버린 그 세계로부터 합리주의와 기술주의를 한 트럭 끌어들여! 신비로울 게 하나도 없어. 그들은 자신들의 영적 이기주의를 합리화하는 데 필요한 만큼만 하나님을 끌어들이지. 내가 '영적'이라는 말을 약간은 지겨워하는 이유를 이해하겠니?

이번 편지를 쓰면서 네가 왜 그 말을 좋아하고 나는 왜 꺼리는지 좀 알게 된 것 같은데, 네 생각은 어때?

주님의 평화를 빌며,
유진

15. 하나님을 일찍 만나지 못했다고 후회하는 친구에게

오랫동안 신앙을 떠나 살았던 지난 세월을 후회하는 일은 이제 그만하는 게 어떨까. 후회는 모든 종교적 감정들 중에서 가장 쓸모없는 것이고, 회개와는 거의 정반대의 감정이거든. 하지만 사람들은 종종 두 가지를 혼동하지.

평신도로서 너의 지위를 맘껏 **누리면서**, '세상'에 빠져 있던 그 시간들을 대학원 교육 기간으로 여기는 편이 훨씬 더 적절한 태도인 것 같아. 허먼 멜빌(Herman Melville)이 고래잡이배에서 보낸 세월을 자신의 "하버드와 예일 대학" 시절로 보듯이 말이야. 그동안 신학교 훈련이나 성경 해석 훈련을 받는 데 시간을 들이지 못했다고 후회하는 대신 네가 **받은** 교육, 곧 철저한 평신도 훈련에 감사하렴.

너는 하나님께 인생의 많은 시간을 드리지 못했다 해도, 하

나님은 항상 너에게 많은 시간과 노력을 들여 오셨거든. 이제 학위를 받았으니, 하나님이 너를 어떻게 사용하실지 지켜보자.

주님의 평화를 빌며,
유진

16. 구체적으로 기도하는 것을 의심하는 친구에게

기도는 엄청 자세하거나, 특수하거나 혹은 간단해도 문제가 되지 않아. 나는 예수님이 우리의 머리카락까지 센다고 하신 말씀이나, 참새 한 마리가 떨어지는 것까지 헤아린다고 하신 말씀이 결코 과장법이 아니라고 생각해. 아니, 오히려 절제된 표현이라고 해야 할걸. 우리는 하나님이신 예수님이 우리의 구체적인 생활 속으로 들어오셨다는 것을 믿고 사는 사람들이라는 걸 기억해야 해. 우리가 최전선에서 다루는 문제는 거대한 보편적 진리나 우주적 형이상학이 아니라, 일용할 양식과 살로 파고드는 발톱, 오랜 친구의 무례한 태도를 용서하는 일 같은 것들이야.

시카고의 건축가 프랭크 설리번(Frank Sullivan)이 어느 신문과 인터뷰한 내용 중에 내가 좋아하는 말이 있어. "하나님은 세세한 것 안에 계십니다" 아니면 "신성은 구체적인 것 안에 있습니다"였던 것 같아. 아무튼 그는 거창한 설계도나 높이 솟은 기념탑이나 기막힌 고층 빌딩이나 화려한 저택은 누구나 그려 낼 수 있다고 했어. 하지만 각 볼트의 위치를 정하고, 대들보를 세우는 데 필요한 정확한 중압을 결정하고, 그 지역의 실제 날씨와 경치에 맞게 건물을 디자인할 수 있는 사람은 자기 일을 잘 아는 이들뿐이라는 거야.

네가 매주 병원을 함께 방문할 수밖에 없는 그 불쾌한 여자―항상 주차할 자리를 달라고 기도하면서도(또 실제로 주차할 곳을 얻으면서도!) 병원에서 잡일을 하는 사람들을 노골적으로 경멸하는 그 여자―에 대한 반발심을 기초로 기도에 대한 이해와 실천을 발전시켜서는 안 돼. 그 여자의 잘못은 구체적인 기도를 너무 많이 하는 데 있는 것이 아니라 오히려 구체적인 기도를 못한다는 데 있어. 실제로 주차할 자리를 달라고 기도한 건 그 순간에 주차 자리야말로 자신에게 가장 중요한 문제였기 때문일 거야. 그 여자는 '바깥 어두운 곳에 잡혀 있는 병원 잡부들'은 자신이 만들어 낸 안락에 아무것도 더하거나 뺄 능력이 없는 존재들이기 때문에 기도 제목으로 삼기에는 너무나 '왜소하다'고 느끼는 거지. 그녀의 문제는 왜소한 기도가 아니라 왜소한 삶인 거야.

참, 아프거나 죽어가는 이들을 방문하러 교회 집사님들과 함께 매주 한 번씩 병원에 가는 일이 어떻게 되어 가는지에 대해선 쓰지 않았더라. 인생의 많은 부분을 힘 있는 사람들과 사귀면서 보내고 나니 약자의 세계와도 관계를 맺을 필요를 느꼈다고 하지 않았니? 네가 생각한 대로 일이 풀리고 있는 건지 궁금해.

주님의 평화를 빌며,
유진

17. 목회자에게 실망한 친구에게

그토록 존경하던 노스다코타의 목사님이 그런 생활을 했다는 걸 알게 된 너의 처참한 심정 충분히 이해해. 하지만 네 생각처럼 그것이 정말 재앙인지는 잘 모르겠네. 나는 오히려 잘된 일일지도 모른다고 생각하거든(그 사건 자체가 잘되었다는 게 아니라, 네가 이 문제에 대해 생각하게 되었다는 점에서 그렇다는 말이야). 그리스도인의 삶에 따르는 일상적인 활동 환경이 아직도 익숙하지 않은 너에게는 '명성'이 있는 사람들을 우러러보는 경향이 있을 거야. 우리 세대는 실적이 괜찮고 유명세가 있는 사람이라면 누구에게나 전문가의 지위를 부여함으로써 그 경향을 부추기고 있지.

하지만 그런 경향은 좋지 않아. 오히려 빨리 벗어날수록 좋지. 나도 신학생 시절에 어느 신학자에게 완전히 매료된 적이 있었어. 그 사람은 신학자가 갖추어야 할 모든 것을 다 갖춘 사람처럼 보였거든. 그는 모든 것을 알고 있었고 모든 것을 생각하고 있었고 "이 악한 세대" 구석구석에 정통했고, 깊이 있게 진리를 말할 뿐 아니라 이해하기 쉽게 기독교 신앙을 표현해 낼 수도 있었지. 그것도 독일어 억양으로 말이야! 그러다가 그가 강박적으로 연애를 즐기는 사람인데다 포르노에 빠져 있다는 사실을 알게 된 거야. 나는 우리 목사님의 사무실로 뛰어들어가 비탄에 빠진 몸짓을 하며 말했지. "저는 완전히 환멸에 빠졌습니다!" 그러자 그분은 손바닥으로 책상을 치면서 말씀하시더군. "잘됐군! 환상에 사로잡혀 돌아다니는 건 좋지 않아! 예수님만큼은 자네를 실망시키지 않으실 거야."

솔직히 처음에는 동정심이 없는 것 같은 그분 태도에 기운이 빠졌지만, 결국은 그분의 지혜에 감사하게 되었어. 그 목사님이 옳았어. 우리는 실재하시는 하나님과 진리를 위해 싸우고 있어. 그런 싸움에서 환상이란 위험한 것이지. 우리는 사람의 마음과 우리 주변의 문화를 있는 그대로 알아야 해. 사람은 속이기를 잘하고 악하며, 우리 문화에는 먹이를 찾아 어슬렁거리는 사자들이 득실거리니까.

그리스도인의 삶은 낭만적이지 않아. 또 모든 사람이 최선의 모습을 보여 준다는 보장도 없지. 특히 설교자들은 더 그래. 어떤 면에서 우리는 최악의 경우를 가정하고 있지만 절망하지는 않아. 바로 그 "최악의 경우" 때문에 우리가 이 구원의 일을 하는 거니까. 우리는 장식용 종교를 팔러 다니는 사람들이 아니야.

주님의 평화를 빌며,
유진

18. 신학자가 필요한 친구에게

이제야말로 너에게 신학자가 필요한 때가 온 것 같아. **진짜** 신학자 말이야. 특히 우리가 살고 있는 이 세속 문화 속에서 한번 가져야겠다고 생각한 것은 그 기회를 호시탐탐 노려 반드시 손에 넣도록 훈련시키는 사람들이 모든 정신적 습관을 형성하고 있는 이때, **하나님**을 생각하도록 자신의 정신을 훈련한 사람을 우리 곁에 두어야 할 필요가 절실해. 그들은 하나님이 어떤 분이신지, 그리고 그분이 우리 안에서 그리고 우리 사이에서 어떤 일을 하고 계시는지, 하나님의 손에 창조되고 선택받았다는 것이 무엇을 의미하는지, 그분이 우리에게 품고 계시는 의도에 어떻게 동참할 것인지에 대해 생각하는 훈련을 받은 사람들이야. 우리 대부분은 단지 하나님에 **대해서** 생각하는 것이 아니라, 하나님의 관점에서, 하나님을 우리의 전제로 삼고 생각하기 위해

도움을 받을 필요가 있어.

네가 그랬듯이, 그리스도인의 삶을 심각하게 받아들이기 시작한 사람은 반드시 그리고 당연히 **자기 자신** 또한 심각하게 받아들이게 되어 있어. 그러나 대부분의 경우, 자신을 하나님보다 심각하게 여김으로써 더 중요한 일을 놓치곤 하지. 우리가 무엇보다 먼저 관심을 가져야 할 대상은 우리가 아니라 하나님이신데도 말이야.

지금 세대의 그리스도인들에게는 신학이란 것이 그리 멋있는 학문이 아니라는 걸 나도 알아. 내면에 도움을 받으려 하는 우리 친구들은 보통 자신의 감정이나 자아—자신의 내면과 마음—라는 관점에서 생각하고, 아주 자연스럽게 상담가나 심리학자 혹은 정신분석학자에게 끌리는 경향이 있지. 치유의 힘이 있다고 하는 어떤 것들에 말이야.

그러나 그리스도인의 삶이라는 문제를 다룰 때, 특히 기도의 문제를 다룰 때는 신학자의 도움을 받을 필요가 있어. 신학자들은 그저 마지막 수단으로 하나님께 의지하는 것이 아니라, 무엇보다 먼저 하나님에게서 **출발할 수** 있도록 도와주거든.

네 자신을 이해하고 싶으면 심리학자를 찾아가도록 해. 그러나 네가 추구하는 대상이 하나님이라면 신학자를 만나렴. 기도를 어렵게 만드는 많은 이유는 우리가 자기 자신―내 감정, 내 기분, 내 상태가 기도하기에 얼마나 적합한지 등―에게 지나치게 신경을 쓰는 데서 비롯하곤 해. 하지만 기도는 하나님께 집중하는 거야. 우리 그리스도인들에게는 심리학자보다는 신학자가 훨씬 더 필요하지. 치료사나 상담가는 네 자신의 복잡한 상태를 해결하는 데 도움이 필요할 때를 위해 대기시키되, 너와 동행할 신학자는 꼭 구하면 좋겠어.

주님의 평화를 빌며,
유진

19. 신앙에 도움이 될 책을 찾는 친구에게

너의 서점 방문은 큰 실패였다고 해야겠지? 처음엔 그 책들을 다 사 들고 신이 나서 집으로 돌아왔겠지만 말이야. 책 사는 데 쓴 돈이 얼마였다고? 127달러? 너는 마치 중요한 광맥을 캐낸 것처럼 생각했겠지! 네가 기술 잡지를 주로 읽으면서 어쩌다가 살인 추리소설로 기분 전환을 하는 동안, 네 등 뒤에서는 온갖 종류의 **기독교** 책들이 쏟아져 나왔단다. 그런데 결국 새로 산 책들이 형편없는 문장으로 쓰인 응원 구호였을 뿐이라는 걸 발견했으니 실망이 크기도 했을 거야.

네가 '종교는 바보를 위한 것'이라는 결론을 내리고 지난 40년간 너 자신의 일을 하느라 신앙을 떠나 있는 동안, 유감스럽게도 북미의 많은 사람은 종교를 하나의 소비 상품으로 만들어 바로 그 바보들에게 팔 수 있지 않을까 생각했어. 결국 그런 관점에서 책을 쓰는 사람들이 나타나기 시작했고, 그들의 생각은 적중했지. 그들은 자동차나 향수를 효과적으로 판매하는 광고 문구처럼 글을 써서, 비슷한 성공을 거두었어. 그들의 기본 전략은 현대 생활에서 사람들이 만족하지 못하는 부분을 찾아내, 하나님이나 하나님과 관련이 있는 어떤 것을 그 해결책으로 내세우는 것이었지.

그렇게 지난 반세기 동안 쌓여 온 불행한 결과가 지금 네 책상 위에 읽히지 않은 채로 쌓여 있는 거야. 진작 너에게 말해 주지 못해서 미안하다.

그래도 반가운 소식은 좋은 책도 여전히 나오고 있다는 사실이야. 그런 책들을 찾으려면 약간의 노력이 필요할 때도 가끔 있지만, 여하튼 찾을 수는 있어. 하지만 눈에 잘 띄는 곳에 진열되어 있지는 않을 거야. 특히 '영감'이나 '경건'이라는 제목이 붙은 서가에서는 찾기 힘들 거야. 나는 서점에서 진열된 책을 훑어보다가 내 책이 그쪽 서가에 꽂혀 있으면, 몰래 빼내 '요리책들' 사이에 꽂아 놓곤 해. 일상의 기본 생활에서 도망치려는 사람들보다는 그것을 잘 다루는 사람들이 오히려 독특한 기독교 메시지를 읽을 영적 준비가 되어 있다는 게 내 생각이거든.

목사님과 함께 앉아서 앞으로 2년간 반복해서 읽을 수 있는 책을 열두 권 정도 선정해서 목록을 만드는 건 어떻겠니? 그러한 책 읽기는 기독교 신앙과 그 실천에 대한 보충 교육이 될 거야.

주님의 평화를 빌며,
유진

20. 하루빨리 경건해지고 싶은 친구에게

그리스도인의 삶에 외부로부터 주어지는 것은 아무것도 없다는 걸 너도 알고 있겠지. 네가 그동안 낭비한 시간을 하루빨리 메우고 싶어 하는 줄은 알지만, 이 일에는 지름길이 없어. 그리스도인의 삶은 우리가 보기에 전혀 영적이지 않은 실제 생활환경에서 나타나거든. 평범한 일상, 각종 사고와 혼란, 즐거운 날과 그렇지 못한 날, 단조로움이나 격변을 모두 무난히 극복하는 일처럼 말이지.

이 삶에는 기적도 많이 일어나지만, 기독교의 기적은 대부분(전부는 아니야) 외부에서 우리 삶에 끼어드는 형태로 나타나지 않아. 오히려 기적은 두려움과 배신감과 환멸을 느끼는 상황, 자녀들은 말을 안 듣고 친구들은 나를 실망시키는 그런 상황 속에 숨어 있지. 이를테면 말구유와 십자가 속에 숨어 있는 거야. 그렇게 계속 살아가는 가운데 그리스도를 닮은 아주 인간적인 **삶**이 형성돼.

결국 나는 너에게 이른바 모든 '경건한' 영성—나는 그런 것을 장식용 영성(boutique spirituality)이라고 생각해—에 대항하며, 확고하게 기도하고 끈기 있게 순종하는 가운데 매일 다가오는 일들을 예수님의 이름으로 해결하는 일에 동참하라고 부탁하고 있는 거란다.

주님의 평화를 빌며,
유진

21. 그리스도인과의 교제를 기대하는 친구에게

네가 내게 답을 구하지 않은 것은 잘한 일이야. 난 그 분야에서는 신용도가 낮거든. 하지만 믿음의 길을 가면서 누군가와 교제를 나누고 싶어 하고 또 그런 교제를 기대하는 것은 아주 좋은 일이라고 생각해. 다른 사람과 대화하고 싶어 하는 것도 물론 좋은 일이고. 그건 거룩한 일이야.

이곳은 네가 사는 곳보다 몇 주 일찍 봄이 찾아왔어. 그곳에도 봄이 곧 오겠지. 안에서나 밖에서나 봄은 언제나 오기 마련이니까. 지금 내 서재에서는 보랏빛을 띤 푸른색 제비들이 아름다운 몸짓으로 곡선을 그리며 하늘을 채우는 모습이 시야에 들어왔다 사라졌다 하고 있어. 야생화도 연달아 피는 중이야. 2주마다 한 가지 꽃이 피었다가 사라지고, 또 다른 꽃이 그 자리를 대신하고 있단다. 주말에는 산에 갔다가 프레리스모크와

꿩의비름, 보드라운 루핀이 만발해 있는 것을 발견했어. 그리고 어제는 올해 들어 처음으로 숲에서 실잔대를 보았단다.

　주님의 평화를 빌며,
　유진

22. 교회를 옮기라는 초대를 받은 친구에게

신나는 일이 많이 벌어지는 멋진 교회로 너를 불러서는, 종교 소비자로 만들려고 하는 친구들이 있다고? 나라면 거절하겠어. 네가 출발했던 그 자리, "제일 작고 가까운 교회"에 계속 다니는 게 훨씬 나아. 이건 교회 출석에 관한 변함없는 내 표준적 충고야. 물론 나도 예외는 인정해. 하지만 네 친구들이 제시하는 것 같은 이유는 그 예외에 해당하지 않아. 젊은 목사님의 서투른 인도에 따라 꾸벅꾸벅 졸면서 예배드리는 몇십 명의 무덤덤한 노르웨이인들은, 함께 하나님의 말씀을 듣고 그분의 거룩한 이름을 경배하기에 손색이 없는 동료들이야.

"좋은 교회를 찾는" 그 난리는 도대체 어떻게 시작이 된 걸까? "내 형제들 중 지극히 작은 자"가 품고 있는 거룩한 순종의 열정에서 나온 건 절대 아닐 거야. 이렇게 각각의 취향에 맞는 교회를 찾으려 드는 '교회 쇼핑 심리'는 영적으로 파괴적인 거야. 우리의 예배 **취향**에 맞추려 드는 교회의 예배는 좋을 것이 하나 없다고 생각해.

주님의 평화를 빌며,
유진

23. 영적 현상에 지나치게 몰두하는 친구에게

이런 문제를 다룰 때 일반적 법칙은 신중하면서도 회의적인 자세로 묵묵히 지켜보는 거야. 어떤 일이든지 성령이 하시는 일을 방해하고 싶은 생각은 우리에게 조금도 없으니까. 혹시라도 그분의 사역을 방해하지 않기 위해 '가말리엘의 법칙'(행 5:34-39)이 있는 거야. 하지만 우리의 경험 많은 선조들은, 과학적으로 설명하기 어려운 영적인 일은 성령의 역사이기보다는 마귀의 역사인 경우가 더 많다는 사실을 알고 있었지.

마귀가 우리를 단순히 영적 현상에만 몰두하게 함으로써 '필요한 한 가지 일'에 쏟아야 할 관심을 흩뜨려 놓을 수만 있다면, 영적으로 간음했으면서도 스스로 초영적이기 때문에 그러한 죄를 초월했다는 착각에 빠지게 만드는 이득까지 덤으로 얻을 수 있어. 마귀의 관점에서 보면, 너 같은 사람을 유혹해서 심한 죄를 짓게 하는 일은 위험한 사업이야. 그런 사람은 죄를 지은 후에 죄책감에 사로잡혀 무릎을 꿇고 회개하며 용서를 구할 가능성이 크거든. 하지만 우리 삶에 영적 우월감의 죄를 끌어들이면—마귀는 대개 이런 방법을 쓰곤 해—우리의 관심을 딴 데로 돌릴 수 있을 뿐 아니라 공동체 안에 분쟁과 혼란을 일으키고, '나는 영적 세계를 안다'는 자부심을 미약하게라도 불러일으킬 수 있지.

네가 이런 문제들에 대해서 어떤 견해를 가지거나 특정한 입장을 취해야 하는 것은 아니야. 이것은 신앙이나 도덕의 문제가 아니거든. 친구들이 그런 집회에 참석하는 동안, 너는 외롭게 사는 사람 몇 명을 석 달간 정기적으로 찾아가 이야기를 들어 주고 함께 기도하면 어떨까? 열광적인 영적 관음증에 불과할 수 있는 일을, 예수님의 이름으로 특별한 사랑을 베푸는 일로 신중하게 바꾸어 보라는 것이 내 의견이야.

주님의 평화를 빌며,
유진

24. 일상이 무미건조하다고 느끼는 친구에게

오늘 아침에 문득 한 가지 사실을 깨달았어. 네 삶에 나를 초청해 준 덕분에, 성령이 사랑과 용서와 순종의 일을 하시는 동안 함께 기도하고 귀 기울이고 이야기를 나누며 편지를 쓸 수 있다는 것이 나에게 얼마나 큰 기쁨이 되는지 몰라. 서로 3천 킬로미터나 떨어져 있고 그동안 40년에 걸친 침묵이 있었는데도 말이지. 고향에 돌아온 듯한 기쁨과 은혜가 아무리 크다고 해도, 마치 아무 일도 일어나지 않는 듯한 지루한 날들이 있다는 걸 나도 알아. 그리스도인의 삶은 우리가 보지 않는 사이에 '물밑'에서 이루어지는 경우가 많지.

이곳에서 내 삶의 리듬은 그 속도가 늦춰졌어. 5월에 새 카누를 샀어. 25년 전에 내가 만든 카누가 심하게 부서지고 홈이 많이 났길래, 그것을 잘 묻어 주고 새로 하나 샀지. 새 카누는 이전 것보다 훨씬 매끄럽게 나가더라. 우리는 사방이 은은한 색으로 변하는 조용한 저녁 시간에 밖으로 나가서, 하늘과 산과 물의 광대함 속에 안겨 있는 카누와 우리 삶의 연약함을 느끼곤 해. 카누는 묵상하기에 아주 좋은 도구야. 그런 시간에 기도할 때면 종종 네가 생각나고, 희망과 축복의 잔물결이 이는 것을 느낀단다.

주님의 평화를 빌며,
유진

25. 그리스도인의 책 읽기를 고민하는 친구에게 1

네가 목사님과 함께 만든 도서 목록에 나는 전혀 만족할 수 없어. 나는 네가 **신학 책** 읽기를 원했던 것이지, 영적 유행에 관한 책이나 종교적 동기를 부여해 주는 책을 읽으라는 뜻이 아니었거든. 내 말은 대가의 작품을 읽으라는 뜻이었어. 내가 보기에 그 목사님은 너의 지적 능력을 아주 낮게 평가하고 네 직업을 거의 존중하지 않는 것 같아. 그 목록은 너를 아주 내려다보는 거야.

그렇게 된 경위를 대충 알 것 같아. 네 말을 통해 나도 그 목사님을 좋아하게 되었고, 목사님이 좋은 의도를 가지고 있다는 점은 분명한 것 같아. 하지만 목사님은 **평신도**라는 필터를 통해 너를 보고 있고, 따라서 하나님에 관해 생각하는 일을 기초부터 가르쳐야겠다고 생각하는 것 같아. 마치 하나님이 미적분

학 같은 고차원적 지식인 양, 네가 그 과목을 다룰 수 있으려면 기초 필수 과목부터 배워야 한다고 생각하는 거지.

목사님을 탓하지는 말자. 이 대륙에 사는 대부분의 전문적인 동료 목사님들이나 신부님들도 다 마찬가지니까. 그들에게 **평신도**라는 단어는 직업을 가지고 있는 명예로운 상태나 환경을 의미하는 것이 아니라 영적 미숙함을 의미하거든. 그들은 평신도들을 고쳐시키고 교육시킴으로써 평신도를 조금 덜 미숙하게 만드는 것이 자신들의 일이라고 생각하지. 어이없게도 평신도를 자신들과 좀더 비슷하게 만드는 것이 곧 좀더 나은 그리스도인으로 만드는 길이라고 생각하는 목사님들도 있어.

내가 어이없다는 말을 쓰는 이유는, 조금만 주의해서 봐도 **기독교적인** 일에서 목회자가 교인보다 나을 바 없다는 증거가 수두룩하다는 걸 알 수 있기 때문이야. 우리는 서로에게 도움을 요청하면서, 서로를 위해 기도하면서, 서로 용서하고 섬기면서 이 모든 일을 함께하는 관계잖아. **목회자**라고 해서 더 고차원적 **그리스도인**이 아니라는 거지. 이건 교회나 목회자들 주변을 조금만 살펴보아도 금방 알 수 있어.

그렇다고 해서 내가 교권을 반대한다고 생각하지는 말아줘. '목회자'의 일은 기독교 공동체에 아주 중요한 명예로운 일이야. 나 자신도 목회자로서 네가 과학자로 살아온 세월만큼 목사로 살아왔어. 하지만 네 목사님의 역할은 네가 목사처럼 생각하고 일하도록 훈련시켜서, 설교를 하고 예배를 인도하고 여러 난관을 뛰어넘으며 회중을 관리하고 교회 재정을 관리하도록 만드는 것이 아니야. 네가 목사님을 과학자처럼 생각하고 일하도록 훈련시켜서 엔트로피와 중성자와 퀘이사(quasars)의 세계에서 잘 살아가게 만들 수 없는 것처럼 말이지.

우리에게는 각자 고유한 일이 있어. 우리는 그 일을 통해 예수님의 이름 안에서 서로를 **섬겨야** 해. 자기 일을 누군가에게 대신 시키려고 사람들을 모아서는 안 되는 거야. 사도 바울은 이 문제를 아주 생생하게 다뤘는데, 그것을 보면 이런 혼란은 이미 오래전부터 있었던 것 같아. 그 목록에 있는 책들이 네 목사님의 일에는 아주 중요할지 모르지만, 네 일과는 별로 상관이 없다고 생각해. 그리고 그 책들은 신학적 관점에서 볼 때 단 한 권도 예외 없이 실격이야.

주님의 평화를 빌며,
유진

26. 그리스도인의 책 읽기를 고민하는 친구에게 2

미안하군. 평신도를 얕잡아 보는 목회자의 편만한 우월감에 화가 나서 이야기가 옆길로 새는 바람에 좋은 신학자를 소개해 주는 일을 잊어버렸어.

꼭대기에서 출발하는 게 어떻겠니? 장 칼뱅(John Calvin)부터 시작해 봐. 그는 성경적 건전함과 지적 명석함으로 우리 같은 그리스도인들 사이에서 여전히 매우 중요한 위치를 차지하고 있거든. 『기독교 강요』(The Institutes of the Christian Religion, CH북스)를 사 봐. 두 권으로 나와 있어. 반드시 존 맥닐(John McNeill)이 번역한 책을 사도록 해.

네가 지난 수년간 풍문으로 들은 칼뱅에 대한 엉터리 견해들 때문에 마음이 불편하다면, 쓰레기처럼 싹 쓸어 버리도록 최대한 노력하면 좋겠어. 그리고 깨끗한 상상력으로 새롭게 접해 봐. 칼뱅이 얼마나 다가가기 쉽고 분별력 있으며 **기독교적** 사람인지 발견하고 놀랄 거야. 그는 참으로 격조 높은 지성인이었어.

물론 수세기 전에 다른 언어와 문화권에서 글을 쓴 다른 많은 사람들의 작품을 읽을 때처럼, 이 책(『기독교 강요』는 16세기에 불어와 라틴어로 쓰였어)이 암시하는 많은 것을 놓칠 테고 빨리 넘길 수 있는 페이지도 그리 많지 않을 거야. 하지만 이 책을 읽으면 무엇보다 기도하면서 지혜롭게 하나님께 나아갈 수 있을 거야. 그분에 대해 올바르게 생각하고, 그분께 진심으로 반응하면서 말이야. 칼뱅은 성경적으로 훈련된 지성과 성령으로 조율된 가슴을 가지고 글을 썼거든.

칼뱅도 목사였어. 무엇보다 그는 목사로서 가르치고, 기도하고, 방문하고, 세례를 주고, 결혼을 시키고, 장례를 치르고, 그들의 문제로 씨름하고, 그들의 신앙을 인도했어. 그는 정신적으로나 도덕적으로 아주 혼란스러웠던 사회의 문화적·종교적 암흑 속에서 하나님의 계시를 명쾌하게 이해하고 싶어 하는 너 같은 그리스도인들을 위해서 글을 썼지. 그는 대학원이나 신학교에서 사용할 교재를 쓴 게 **아니야**. 박사 학위 논문에 인용될 책을 쓴 것도 **아니지**. 오히려 직장과 가정을 가진 평범한 그리스도인들이 교회 안에서 풍문으로 주워듣는 온갖 왜곡과 미신적

행위의 영향에서 완전히 벗어나, '하나님'과 '예수님'과 '성령'에 대해 생각하고 말할 수 있게 하려고 이 책을 썼어.

미리 너에게 믿음을 주고 싶은 점이 있어. 진정한 신학자는 하나님을 더 복잡하게 만드는 것이 아니라 덜 복잡하게 만든다는 사실이야. 그들은 토대를 명쾌하게 만들지. 그러니까 우리 삶을 혼란스럽게 만드는 것이 아니라 오히려 단순하게 만들어 줘. 그러니 위대한 이름 앞에 주눅 들지 않아도 돼. 「월스트리트 저널」(*The Wall Street Journal*)의 사설을 읽고 이해할 수 있으면 칼뱅도 읽을 수 있어. 네가 그토록 좋아하는 작가 플래너리 오코너(Flannery O'Connor)는 매일 밤 세수하고 양치질을 하고 나서, 토마스 아퀴나스(Thomas Aquinas)의 글을 두 쪽 정도 읽고 잠자리에 들곤 했다지. 그녀의 말대로 하자면 "정신의 때를 잘 닦아 내기 위해서" 말이야.

그러나 한 가지 경고할 게 있어. 하나님은 생각을 통해서가 아니라 기도를 통해서 만날 수 있다는 점이야. 하나님에 대해서 바르게 생각하는 것 자체로는 우리의 목적지에 이를 수 없어. 물론 바르지 못한 생각은 우리를 상당히 혼란스럽게 만들지만 말이야. 신학자의 첫째가는 임무는, 하나님에 대해 생각하도록 가르치는 것이 아니라 하나님께 기도하도록 돕는 거야. 우리의 우상숭배적 상상력으로 만들어 낸 허구적 존재 앞에 경건하게 엎드리는 것이 아니라 예수님 안에서 성경적으로 계시된 하나님께 기도하도록 말이야. 바로 이러한 이유 때문에 칼뱅은 너에게 큰 도움이 될 거야. 그는 기도하는 목사였고 기도하는 신학자였거든.

주님의 평화를 빌며,
유진

27. 가족 간의 화해의 여정에 있는 친구에게

화해를 위한 너의 끈질긴 전략과 기도가 성과를 거두고 있다는 사실은 정말 기쁘고 감동적이야. 수년간 우리 자신의 이익을 무모하게 추구한 결과 쌓인 상처와 거부와 무관심의 지층을 하나님의 은혜가 뚫고 들어갈 수 있다는 사실이 놀랍지 않니? 회개와 용서의 흔적이 생기려면 폭력의 흔적이 생길 때보다 좀더 (훨씬 더!) 오랜 시간이 걸리겠지만, 그 결과는 비교할 수가 없지.

그동안 네가 유익하면서도 거룩한 상담을 받아 왔다는 사실은 나도 알고 있어. 그렇더라도 수년간 원망하는 마음으로 서로를 비난해 오던 옛 아내들과 이야기를 나누게 되고, 두 자녀들도 너의 방문을 환영하게 된 건 놀라운 일이야. 바로 이런 종류의 기적이 그리스도인의 삶의 특징이라고 생각해.

이제 유일하게 남은 사람은 여동생이네. 청년 시절부터 시작된 어려움들에 관해 쓴 네 편지를 읽으면서, 지금 너의 목표는 동생의 변화를 기대하기보다는 있는 모습 그대로 받아들이는 거라는 생각이 들었어. 그리고 사실은 그게 전부야. 아무 조건 없이 용납하고 끌어안는 것이야말로 성숙한 사랑의 특성이거든.

'관계'를 맺으려면 먼저 어느 정도 서로를 이해해야 한다거나 과거의 차이점을 해결해야 한다거나 전략을 세워야 한다고 생각하는 것은 순서가 틀린 거야. 물론 아무 조건 없이 사랑한다는 것은 이 사랑을 통해서 아무것도 얻지 못할 수도 있다는 사실, 곧 남매 관계라고 부를 만한 어떤 요소도 얻지 못할 수 있다는 사실을 받아들이고 한계를 인정한다는 뜻이지. 모든 꿈과 환상을 희생하고 시작하지 않는다면, 그 동기가 아무리 옳다고 해도 동생은 너의 사랑을 체험할 기회를 전혀 얻지 못할 거야. 네가 **동생**의 사랑을 얻을 수 있느냐 없느냐 하는 문제는 전적으로 동생에게 달려 있어. 그 사랑을 얻기 위해 네가 할 수 있는 일은 아무것도 없지.

이런 식으로 문제에 접근할 때, 가장 먼저 일어나는 일은 더 이상 네 동생에게 초점을 맞추지 않게 된다는 점이야. 이제부터 너는 기도와 하나님의 사랑과 너 자신의 순종이라는 맥락에서 움직이게 되는 거야. 여동생이 무엇을 하느냐 하지 않느냐는 네가 사랑하고 살아가는 방식에 더 이상 중요한 영향을 끼치지 못해.

내가 보기에는 바로 그것이 목표가 되어야 해. 나는 쉽게 말했지만, 네가 실천하기에는 어떨까? 분명 쉽지는 않을 거야. 썩 마음에 들지 않을 수도 있고. 하지만 목표를 분명히 하지 않으면, 남은 세월을 좌절감과 쓰라림 사이에서 갈팡질팡하며 살게 될 거야.

대안이 뭘까? 예수님 덕분에 멀어졌던 가족과 화해하기로 했다면, 화해의 방식도 예수님을 따라야 하지 않을까? 너는 동생이 쌓아 놓은 이데올로기적·감정적 요새를 뚫을 수 없다는 걸 충분히 알고 있지. 맞아. '동생의 마음을 움직일 길'은 없어. 하지만 사랑할 수는 있어. 성경은 동생의 마음을 움직이라고 하는 대신 사랑하라고 말한단다.

이 시점에서 사랑은, 아마도 네가 할 수 있는 한 최선을 다해서 정중하게 행동하는 것을 뜻할 거야. 이런 상황에서 정중함이란 사랑을 대체하는 형태가 아니라, 사랑의 초보적 형태야. 그렇게 하는 것은 너에게 그렇게 부담스럽지는 않을 거야. 실패할 확률도 적고. 어쩌면 아주 잘해 낼 수 있을지도 몰라. 그러면 반응이 없는 사랑을 하고 있다는 데서 오는 꺼림칙함이나 분노에 찬 좌절감을 느끼는 대신, 정중하게 대하는 데 성공했다는 성취감을 누릴 수 있을 거야.

네가 안고 있는 '여동생 딜레마'를 이쪽 대륙 끝에서 바라본 관점은 대략 이 정도야. 잠시 곱씹어 보면서 도움이 될 내용이 있는지 살펴보면 좋겠다.

주님의 평화를 빌며,
유진

28. 죽음을 묵상하는 친구에게

교회 집사님들과 함께 병원을 방문해서 환자들을 만나는 일에 관한 네 생각은 내가 예상했던 방향으로 나가고 있는 것 같네. 인간의 필멸성을 받아들이고, 형제자매들이 무엇을 생산해 낼 수 있느냐 여부에 상관없이 있는 모습 그대로 끌어안는 방향으로 말이야. 지금 우리는 아예 작정하고 죽음과 연약함을 우리의 의식에서 없애 버리는 문화 속에서 살고 있어. 그래서 이 같은 존재의 핵심적 실체와 조금이라도 가깝게 접촉하려면 의도적 개입이 필요해. 우리가 곧 죽게 될 존재라는 사실을 단 하루만 잊어버려도 우리의 상상력은 크게 왜곡되고 말아.

죽음에 대한 건망증은 이내 인생에 대한 환상으로 발전해 버리곤 하지. 선조들의 유산을 무시하는 것이 드문 일은 아니지만, 성경에서도 그렇고 기독교 전통에서도 죽음은 인생의 한 부분으로서 직면해야 한다고 강조하고 있어. 잘 죽을 준비를 하지 않으면서 잘 살 수는 없어. 옛 신학자들은 종종 책상 위에 해골을 두고 자신들의 필멸성을 상기했대. 중세의 어떤 수도사들은 하루의 삶을 당연한 것으로 받아들이지 않기 위해 관에서 잠을 자기도 했다고 하고. 그리고 너는 매주 사형선고를 받은 거나 다름없는 루터교 환자들을 방문함으로써 예수님의 죽음과 네 자신의 죽음에 대한 인식에서 멀리 떠날 수 없게 되었고 말이야.

너도 알겠지만 우리 두 사람 모두 삶의 마지막에 다가가고 있어. 시편 기자는 "우리의 연수가 칠십이요 강건하면 팔십"(시 90:10)이라고 했지. 그 나이에 다가갈수록 죽음의 임박함을 피하거나 부인하라는 압력이 사방에서 더 많이 밀려와. 하지만 너에게는 그러한 압력에 꺾이지 않을 대항 압력이 있어. 그리고 우리 두 사람은 성만찬을 통해 죽음과 삶에 대한 우리의 믿음을 지키고 있지.

주님의 평화를 빌며,
유진

29. 영혼의 어두운 밤을 지나고 있는 친구에게

너는 지금 어둠으로 빠져드는 중이고 그래서 예수님을 향한 사랑이 다시 불붙었을 때 경험했던 빛과 불꽃이 몹시 그립다고 했지. 그동안 그 말을 곰곰이 생각하면서 기도했어. 너는 계속해서 "내가 뭘 잘못하고 있는 걸까?"라고 묻고 있고, 그런 현상은 도로에 설치된 과속방지턱 같은 것이라고 생각하는 나는 계속 너의 질문을 모른 체하고 있지.

물론 나는 네 마음과 영혼의 깊은 구석까지 알지는 못해. 그러니 전적으로 이렇게 말할 수는 없어. "너는 괜찮아. 그게 정상이니까 걱정하지 마"라고 말이야. 하지만 다시 믿기 시작한 지난 1년간 너는 별로 숨기는 것 없이 네 얘기를 해 왔고, 편지를 통해 그동안 어떻게 기도하고 순종해 왔는지 꽤 꼼꼼하게 기록해 왔잖아. 그러니 나한테는 너의 '침체'에 대해 이야기할 만한 실제적 기반이 있는 셈이지.

만약 새로운 영감이 떠오르거나 새로운 증거가 나타나면 이러한 관찰들을 일부 수정해야 할지도 모른다는 점을 염두에 두면서 내 말을 들어 주면 좋겠어. 네가 설명한 그 감정이 어떤 것이건 간에, 그것이 잘못된 결정이나 행동 혹은 어리석은 실수에서 비롯했을 가능성은 거의 없어. 다시 말하면 네가 지도를 제대로 읽지 않았기 때문에 흙구덩이에 빠지게 된 건 아니라는 말이야. 그러니까 어디에서 길을 잘못 들어 이렇게 우울하고 '영적이지 않은' 기분에 빠지게 되었는지 생각해 내느라 시간을 낭비할 필요가 없어.

내 말이 맞다면(맞을 확률이 아주 높다고 생각해), 손상된 것을 복구하거나 실수를 바로잡는 것과는 **아주 다른 각도**에서 네가 지금 겪고 있는 일에 관심을 가질 수 있어. 지금 네가 있는 곳은 성경에 나오는 광야나 사막의 본질에 더 가깝지. 그 광야나 사막은 믿음의 순례길에서 네가 정한 목적지(아니 그보다는 '하나님이 정하신 목적지를 네가 받아들였다'고 표현하는 게 낫겠다)에 이르기 위해 꼭 거쳐 가야 하는 곳이야.

그래서 나는 우리 두 사람이(내가 너와 함께 이 일을 하고 있다는 사실을 기억해 주렴) 네가 처한 이 광야를 주의 깊게 살피고 작은 것 하나하나까지 잘 보아야 한다고 생각해. 그 하나하나에 이름을 붙여서 목록을 작성해 봐. 충분한 시간에 걸쳐 자세히 살펴보면, 쓸모없는 것은 하나도 없을 거야. 그것들이 지닌 아름다움이 우리의 의식 속으로 살며시 스며드는 경우도 적지 않고. 그렇게 하는 가운데 너의 안팎에서 무슨 일이 일어나고 있는지 주의하면서, 기도하는 마음으로 그것들이 보여 주는 네 자신의 모습에 주목해 보는 거야. 전에는 알아채지 못했던 어떤 것이 드러나고 있지는 않은지 말이야. 모든 일이 네가 원하는 대로 흘러갈 때는 밑에 숨어 있던 것들도, 상황이 달라지면 표면으로 떠오르는 법이야. 이렇게 떠오르는 것들을 처리하거나 없애겠다는 생각 없이 잘 관찰해 봐. 그리고 편지를 보내 주면 좋겠어. 이것은 하나님의 영이 일하시는 상황에 민감해지는 훈련이야.

    이 충고를 하면서 가정하는 것이 있어(네가 이 가정을 공유할 필요는 없어). 그것은 네가 누구이며 하나님이 네 삶에서 어떤 일을 해 오셨고 또 하기 원하시는지를 생각해 볼 때, 지금 네 안에서 일어나고 있는 일은 꼭 필요한 과정이라는 사실이야. 이런 일은 평소에 별문제 없는 너의 삶을 방해하는 걸림돌이 아니라, 가나안에 가려면 꼭 거쳐야 하는 경로야. 너에게는 그렇게 느껴

지지 않는다는 걸 알아. 지금으로서는 나만 그렇게 느끼는 것만으로도 충분해.

어때? 나와 함께 이 길을 가 볼 생각 없니? 이것이 지금 네가 갇혀 있다고 느끼는 괴로운 권태감에 빠른 해결책을 제공해 줄지는 의문이지만 내 직감으로는 우리 두 사람 모두를 기쁘게 해 줄 일이 생길 것 같아. 예수님을 진정으로 따르려면 항상 사막과 어두운 밤을 거쳐 가야 하는 법이니까.

주님의 평화를 빌며,
유진

30. 영적 지도자를 찾는 친구에게 1

'영적 지도'(spiritual direction)에 대한 네 관심에 내가 더 적극적으로 반응하지 않아서 실망한 것 같네. 사실 나는 그 단어에 약간 상반되는 감정을 느끼는 정도 이상이야. 특히 그 말에 대한 교회의 전통을 조금도 모르면서 그렇게 허술하게 사용할 때는 더 그렇지.

영적 지도라는 말이, 다른 사람과 친구가 되어 그 관계 안에서 매일 살아가면서 하나님의 영을 인식하고 반응하는 일을 장려한다는 뜻이라면 괜찮아. 하지만 그렇다면 왜 굳이 '영적 지도자' 같은 어색한 표현을 끌어오는 걸까? 그냥 '친구'라고 하면 되지 않을까?

이 상황에서는 영적 지도라는 것이 꼭 잘난 체하는 말처럼 들려. 어느 정도는 혼자 힘으로 습득할 수 있고 누가 요청하면 나눠 줄 수 있는 전문적 기술이라도 되는 것처럼 말이야.

내가 그 말에 심드렁한 또 다른 이유는, 그리스도인의 삶에 따르는 모든 문제에 전문성(professionalism)이 끼어드는 것을 두려워하기 때문이야. 이건 충분한 근거가 있는 두려움이야. 어쩌면 내가 두려워하는 것의 정확한 명칭은 '기능주의'(functionalism)일 수도 있어. 그리스도인의 삶(이 문제에서는 인간의 삶이라고 할 수도 있겠지)의 어떤 측면이 하나의 역할로 규정되는 순간, 그 측면은 왜곡되고 가치가 떨어지며 결과적으로 파괴되고 말아. 우리는 서로 형제자매이자 친구이며 연인이고, 성도이자 죄인이니까.

여기서 한 가지 아이러니는, 역할이 규정된 행동주의가 우리 문화에 퍼지면서 영적 지도에 대한 관심도 확실히 커지고 있다는 점이야. 우리는 종교 기업 비슷한 곳들의 번영을 위해 한 가지 기능에 투입되어 성경과 기도로 조작당해 가면서 남이 정해 준 일들(그들은 종종 심리 테스트를 동원하기도 하지)을 하는 데 신물이 나 있잖아. 그래서 있는 그대로의 우리 모습, 곧 우리 **영혼**에 관심을 보이는 사람들이 나타나서 기도해 주고 우리 말을 들어 주며 조작하려 들지 않고 기능 위주의 태도를 취하지 않을 때, 기꺼이 주의를 기울일 준비를 하게 되지. 바로 영적 지도에 관심을 갖게 되는 거야.

하지만 나중에는 거기에도 그 나름의 문화와 언어와 위계질서가 생기기 시작해. 처음에는 특별한 관심으로 시작하지만 나중에는 전문화되어 버리지. 네가 자주 드나드는 모임에서 일어나고 있는 현상이 이런 게 아닌가 싶어. 그것이 우리가 추구해야 할 건전한(거룩한) 노선인지 심각하게 의심이 가는군.

그 모임에 나가는 대신, 교인 중에서 성숙하고 마음이 맞을 것 같은 사람을 찾아보는 건 어떨까? 그 사람에게 한 달에 한 번 정도 너와 만나 줄 수 있는지 물어봐. 네가 하고 있는 모든 일에 예수님이 임재하시고 역사하신다는 것을 믿는 사람과 만나서 네 삶을 나눌 필요를 느낀다고 말하는 거야. 아울러 너에게 '현명한' 조언을 해 주지 않아도 된다고 안심시켜야 할 거야. 그저 네 말을 들어 주고 기도해 주면 된다고 하는 거지. 그렇게 서너 번 만난 후의 상황을 편지로 알려 주면 좋겠어. 그러고 나서 이 문제에 대해서 더 논의하자.

지난 수년 동안 이런 방식으로 나를 섬겨 준 사람들이 많아. 그들은 이를테면 영적 지도를 한 셈이지만, '영적 지도자'라는 직함을 가진 사람은 아무도 없었지. 어떤 사람은 그런 용어를 들어 본 적조차 없어. 그런데 몇 년 전 캐나다로 이사를 오면서 나는 그 오랜 관계들을 떠나게 되었고, 그런 식으로 함께 할 수 있는 사람을 다시 찾았어. 내가 택한 사람은 진실한 사람, 기도하는 사람, 기독교의 지혜가 깊이 배어 있는 사람이야. 그 사람이 '나는 그런 일에 맞지 않는다'고 거절할 것을 예상한 나는 미리 대답할 말을 준비했어. "제가 원하는 건 두 가지뿐입니다. 약속 장소에 나와서, 조용히 함께 있어 주는 것 말입니다. 그렇게 해 주시겠습니까? 6주에 한 번 정도 만나서 함께 있어 주십시오. 평생 순종하며 살아온 모습 그대로, 정직하게, 기도하면서 그 자리에 있어 주기만 하면 됩니다." 그는 허락했어. 네가 말하는 '영적 지도자'가 이런 사람을 뜻한다면 좋겠어. 여전히 난 '친구'라는 말이 더 좋지만 말이야.

이제 내 직감이 어떤 것인지 짐작이 가니? 가장 성숙하고 믿을 만한 그리스도인의 인도와 이해는, 내가 살고 있는 이웃에서 얻을 수 있어. 그것도 가장 평범한 방법으로. 도움이 필요하다고 느낄 때마다 전문가를 찾아나서는 문화적 습관을 우리는 버려야 해. 지혜는 전문 기술의 문제가 아니거든.

주님의 평화를 빌며,
유진

31. 세상 속의 그리스도인으로 살아가는 친구에게

어제저녁에는 몇몇 친구들과 함께 식사를 했어. 다섯 쌍의 부부가 모였지. 그들은 모두, 거의 평생에 걸쳐 가난과 정의에 관련한 다양한 사회적·정치적 프로그램에 적극적으로 참여해 온 사람들이었어. 모임에서는 세상을 바로잡는 일과, 조금이라도 나은 세상을 만들기 위해 일하면서 겪었던 실망스러운 일들에 관한 이야기가 주로 오갔고, 제3세계 선교사를 자녀로 둔 두 사람은 선교지에서 해야 할 엄청난 일들에 관해 이야기했지. 다른 두 사람은 의사였고 한 사람은 산림 감독관이었는데, 모두 신앙이 있는 자녀들을 두었어. 그들은 평생 이런저런 일들을 했지만, 열정과 이상으로 처음 그 일들을 시작했을 때보다 오히려 상황이 더 나빠졌다고 하더군. 이젠 거의 희망이 없다는 것이 그 대화의 전반적인 분위기였어.

나는 별말은 하지 않았어. 나는 이런 종류의 대화가 쓸모가 없다고 보거든. 식사 자리에 모인 이들은 다 **노련한** 그리스도인들이었고, 적어도 40년 이상 하나님을 신실하게 믿으면서 책임을 다해 일해 온 사람들이야. 그런데 그들과 이야기하다가 문득 이런 생각이 들었어. '이들 사이에 오가는 어떤 말에도 그리스도께서 무슨 일을 하고 계시는지, 또는 무슨 일을 하셨는지 알고 있다는 표시가 하나도 없다.' 마치 크리스마스와 부활절과 오순절 사건들이 전혀 일어나지 않았던 것처럼 느껴졌어. 그중 어떤 것도 그 대화에 끼어들지 못했으니까. 거기 모인 사람들에게 잘 개발된 도덕적·사회적 양심은 있었지만 신학과 영성은 눈곱만큼도 없었어. 우리를 초대한 집주인 스벤이 루터교 책자에서 '헌신'에 관한 부분을 **빠르게** 읽고 식사를 시작했지만, 대화 중에는 책에 나온 쉼표 하나 언급되지 않았지.

너는 다음 주에 '핵무기를 반대하는 과학자들의 모임'(SANW)을 만들기 위해 제네바로 갈 거라고 했지. 난 네가 그 일을 이 사람들과 얼마나 다르게 준비해 왔는지 알고 있어. 넌 열광하지도 않았고 절망하지도 않았지. 난 네가 그 일에 관여하게 되었다고 처음 이야기를 꺼냈을 때부터, 불가능해 보이는 일을 겸손하면서도 끈질기게 감당하는 모습을 높이 평가해 왔어. 모든 정치적·사회적 활동은 "나라가 임하옵시며"라고 우리가 기도하면서 증거하는 대로, 더 큰 세계에서 이루어져야 한다고 생각하지 않니? 그렇지 않으면 결국 우리가 하는 모든 일들은 이미 극도로 불안정하고 어두운 세상을 완전한 파멸로 몰고 가게 될 거야. 그 모임을 주재할 때 내가 너를 위해 기도하고 있다는 사실을 기억해 줘. 특히 네가 침묵할 때나 말할 때, 대부분 기독교 신앙이 없는 네 친구들이 그토록 아끼는 이 죄 많은 세상을 위한 희망, 진정한 **신학적** 희망을 드러낼 수 있도록 기도할게.

우리는 성경에서는 구원에 대한 관점을, 저녁 뉴스에서는 세상에 대한 관점을 얻는 기독교 정신(Christian ethos) 속에서 살고 있어. 너는 제네바의 강단에서, 나는 밴쿠버의 설교단에서 다음 며칠 동안 해야 할 일이 있군. 그렇지?

주님의 평화를 빌며,
유진

32. 다양한 방식으로 기도하는 법을 잊은 친구에게

요 며칠 이 지역의 뉴스는 막 피어나고 있는 새 야생화들에 쏠리고 있어. 어제는 참개불알꽃이 피었어. 이 꽃은 개불알꽃의 일종으로서 난초와 비슷한데, 이 지역에서는 찾아보기가 쉽지 않아. 하지만 우리가 해마다 이 꽃을 찾아보는 곳이 숲속에 있어. 거기에 가면 대개는 그 꽃이 피어 있는 걸 볼 수 있어. 철새들이 이동하는 광경도 꽤 볼 만해. 사흘 전에는 올해 들어 처음으로 스웨인슨 개똥지빠귀 소리를 들었어. 맑은 새소리가 마치 고음으로 올라가는 오르간 소리처럼 소나무와 솔송나무 사이로 울려 퍼졌지.

네가 기도의 물리적 형식과 구조를 찾는 일에 관해 쓰지 않은 지 꽤 오래된 듯해. 나는 우리의 기도가 물리적이고 물질적일수록 더 좋다고 늘 생각하고 있어. 걷는 것, 요리하는 것, 노

래하는 것, 그림 그리는 것 모두 기도가 될 수 있지. 물론 편지 쓰는 것도!

주님의 평화를 빌며,
유진

33. 그리스도인으로서 성장하고 싶은 친구에게

그러니까 네 친구들은 나에게 모순이 있다고 생각한단 말이지. 문제는 그들이 지나치게 합리주의적이라는 점이야. 그들은 모든 일에 정확한 주석을 순서대로 달고 싶어 하지. 하지만 삶은 그렇지 않잖아. 거룩한 삶은 더욱 그렇지. 그건 삶을 일곱 번 곱한 것(아마 그쯤은 될걸)과 같거든. 이러한 것들을 차례대로 끌어내리기는 어려워. 차례대로 일어나는 일이 아니니까. 나는 스스로 모순이라고 생각하지 않지만, 역설적이라는 것만큼은 분명히 인정해. 또 상당히 모호하다는 것도.

다시 설명해 볼게. 사실 그리스도인의 성장(영적 형성)은 세상에서 가장 쉬운 일이야. 그것은 하나님이 그리스도 안에서 성령을 통해 우리 삶 속에서 하시는 일이거든. 즉 은혜지. 우리는 아무것도 할 필요가 없어. 사실은 우리가 무엇을 하겠다고 생각할 때, 오히려 잘못되는 경우가 대다수야. 그럴 때 우리는 하나님의 자리에 대신 들어앉아 일을 진행하기 시작하고, 우리 자신이나 다른 사람에게 신이 되기 시작하거든.

다른 한편으로 그리스도인의 성장은 세상에서 가장 어려운 일이기도 하지. "말씀대로 내게 이루어"지도록 계속 길을 비켜드려야 하니 말이야. 날마다 신실하게 어린아이처럼 받아들이고 순종하는 것(그것들은 모두 우리가 먼저 시작할 수 있는 일이 아니야), **그것**이 그리스도인의 삶이지.

오늘날 장삿속으로 내놓은 많은 신앙 지침서들의 문제는 그것이 약간의 성수(holy water)를 뿌린 자조(self help) 심리학에 불과하다는 데 있어. 아니면 활기를 돋우는 응원 문구로 강화시킨 낡은 기업가적 아메리칸드림이든가.

그리스도인의 성장 단계나 발달 단계를 요약하려 들기보다는 아브라함, 예레미야, 다윗, 예수님 이야기처럼 성경의 위대한 이야기 속에 푹 빠져 보는 것이 훨씬 더 좋을 거야. 상상력을 동원해서 이런 인물들의 삶을 함께 살아 보면, 성령을 따라 사는 독특한 삶이 어떤 것인지 터득하게 될거야. 그것은 우리가 하는 일은 점점 더 적어지고, 성령이 하시는 일은 점점 더 많아지는 삶이지. 역설적인 것은, 이렇게 우리가 적게 일할수록 실제로는 우리 손과 발과 말을 통해 이루어지는 일들은 점점 더 많아진다는 사실이야. 힘은 커지고 죄책감은 줄어들고, 하나님의 것은 늘어나고 우리의 것은 줄어들고. 어떻게 하면 이 점에서 더 발전할 수 있을 것 같니?

주님의 평화를 빌며,
유진

34. 교회 프로젝트를 맡아 달라고 제안받은 친구에게

너의 '리더십 자질'을 발견한 목사님이 너를 '사역에 끌어들이려고' 굳게 결심했다는 편지 읽었어. 나라면 네가 일요일마다 예배를 드리고 월요일에는 실험실로 출근하는 것만으로도 충분히 사역에 참여하고 있다고 생각할 텐데. 차차 이런 일이 일어나게 될 줄 알고 있었어. 미리 경고를 해야 했는데. 아마 집사님들과 함께 아프고 연로한 분들을 매달 방문한 것이 목사님의 주목을 끈 계기가 되었을 거야. 정말 안됐군. 목사님은 네가 새 건물 건축 계획을 진행시켜 주길 바란단 말이지. 네가 그 일을 해야 되냐고? 그럴 필요는 전혀 없어.

목사들은 이런 일에 악명이 높아. 하지만 거기에 맞춰 주지 않아도 돼. 목사님이 왜 너에게 그 일을 부탁하는지 알 것 같군. 어차피 누군가 일은 해야 하는데, 지역사회에서 네가 차지하고 있는 지위와 입지를 고려할 때 너야말로 바람직한 후보자로 보였겠지. 게다가 교인들에게 너의 새로운 신앙과 열정을 전시해 보일 기회도 되고 말이야.

내 의견을 듣고 싶니? 난 네가 목사님을 점심 식사에 초대해서 이렇게 말했으면 좋겠어. "목사님, 제가 오랫동안 신앙을 버렸다가 다시 돌아왔다는 사실은 잘 아실 겁니다. 그런데 목사님이 모르고 계시는 사실이 하나 있습니다. 제가 다시 신앙을 가지고 새로운 생활을 하게 된 지 얼마되지 않아, 제가 하는 일에 전임 사역자로 부름받았다는 사실을 깨달았거든요. 그래서 목사님의 도움이 필요합니다. (이 말은 틀림없이 목사님의 관심을 끌 거야).

목사님의 도움이 필요한 부분은 특히 두 가지입니다. 먼저, 저는 목사님이 제 사역을 축복해 주셨으면 합니다. 저는 평생을 과학 연구원으로 살아왔지만, 솔직히 말씀드리면 단 한순간도 그것이 기독교적인 일이라고 생각하지 못했을 뿐 아니라 사역이라고는 더더욱 생각지 못했습니다. 그런데 이제는 그렇게 생각하게 되었지요. 사실 이것은 목사님의 설교를 듣다가 깨닫게 된 것입니다. 목사님이 그때 설교하신 본문은 예수님이 귀신 들린 거라사인을 고치시는 부분이었습니다. 목사님은 치유를 받은 거라사인이 당연히 예수님과 제자들의 사역에 동참하고 싶어 했지만, 예수님은 허락하지 않으셨다고 했습니다. 예수님은 그에게 "집으로 돌아가 주께서 네게 어떻게 큰 일을 행하사 너를 불쌍히 여기신 것을 네 가족에게 알리라"(막 5:19)고 말씀하셨다고 하셨습니다.

제 상황에 적용해 볼 때 '가족'은 제가 매일 하는 제 일을 의미했습니다. 그래서 그 말씀대로 했지요. 그것은 그리스도인으로서 제가 한 일 중에 가장 분명한 순종의 행위였습니다. 그 말씀에 순종해야 한다는 것은 분명했지만, 실제로 그렇게 하기는 쉽지 않더군요. 제 직장 동료나 새로운 그리스도인 친구들이 직장 일을 사역으로 이해해 주지 않기 때문이지요. 저는 소외감을 느끼고 있습니다. 포위당한 듯한 느낌까지 들고요. 그래서 목사님의 축복이 필요합니다. 직장 일이 저의 전임 사역이라는 걸 확인해 주시고, 그 사역을 감당할 힘을 얻도록 축복해 주시고 기도해 주십시오.

둘째로 저는 목사님이 절 보호해 주셨으면 합니다. 이것은 벅찬 일이고, 집중력과 에너지가 필요한 일입니다. 그런데 교회에 다니면 다닐수록 교인들이 제 관심을 딴 데로 돌리려 한다는 생각이 듭니다. 그분들의 말대로 신앙생활을 한다면, 저는 실험실에서 '세속적인' 시간을 보내면서 저녁 모임과 교회의 주말 프로그램을 위해 '기독교적' 에너지를 아껴 두는 생활을 해야 할 겁니다. 제가 직장에서 전임 사역자로 계속 일하려면, 목사님이 좋은 의도를 가지고 저를 방해하는 교인들로부터 보호해 주셔야 합니다. 이것이 바로 건축 계획을 맡아 달라는 목사님의 부탁을 제가 들어 드릴 수 없는 이유고, 이렇게 거절의 말씀을 드리면서 목사님의 지원과 이해를 구하는 이유입니다."

너는 이것보다 훨씬 더 재치있게 말할 수 있으리라고 확신해. 북미에 있는 모든 평신도들, **하나님**의 모든 백성에게 들려줄 수 있는 방법만 있다면, 나는 이렇게 말하고 싶어. "여러분의 목사님을 찾아가 그저 설교자와 중보자가 되어 주면 좋겠다고, 그것이 바라는 것의 전부라고 말하십시오. 그렇게 하고 나서 그들을 서재나 기도실에 가두어 버리십시오. 여러분의 일이 아니라 목회자 자신의 일을 했으면 좋겠다고 말하십시오. 목회자들을 여러분의 삶에서 내보내십시오. 여러분의 사역에는 그만 간섭하고 그들 자신의 사역을 하라고 하십시오. 목회자들의 일은 여러분의 일보다 중요하지 않습니다. 여러분의 일도 목회자들의 일보다 중요하지 않습니다. 두 가지는 똑같이 중요한 일입니다. 목회자의 일을 존중한다고, 그러니 여러분의 일도 존중해 달라고 말씀하십시오. 여러분의 일을 하려면 도움이 필요하지만, 무엇을 어떻게 하라는 지시가 필요한 것은 아니라고 하십시오. 여러분을 얕잡아 보면서 목회 사역의 부속물로 여기는 데 지쳤다고 하십시오. 여러분도 모든 면에서 목회만큼이나 중요하고 노력이 필요한 사역에 부르심을 받았다고 하십시오. 받을 수 있는 도움은 다 받아야 할 상황이라고 하십시오. 그러나 정말 여러분에게 필요한 도움은 상상력과 확신을 다해 하나님의 말씀을 전해 주는 것이라고 말하십시오. 열정과 신실함으로 기도해 주며, 아무런 방해 없이 서두르지 말고 여러분의 이야기를 들어 달라고 말하십시오."

내 꿈은 여기에 백만 명의 서명을 받아서 북미의 모든 주요 일간지에 일제히 싣는 거야. 너도 서명해 줄래?

이쯤에서 그만해야 할 것 같다. 하지만 그리스도인의 사역이 목회자들의 일과, 저녁이나 주말마다 그들을 돕는 이들의 일로 축소되어 버린다면, "나라가 임하옵시며"라는 기도는 그 총체성을 잃게 되지 않겠니?

주님의 평화를 빌며,
유진

35. 기도할 시간을 찾고 있는 친구에게

기도할 시간을 마련하는 것은 큰 도전이야. 아마 현대의 그리스도인들에게는 **가장** 큰 도전일 테고. 마귀와 그 졸개들은 매일 매시간을 긴급한 임무와 책임져야 할 사업으로 채우려 하고, 어쩌다가 일 없는 시간이 생기기라도 하면 사소한 일에 우리의 관심을 돌리려는 음모를 줄기차게 꾸며. 심지어 친구들과 목회자들도 종종 이 음모의 동반자가 되지.

노동력을 절감해 주는 장비들이 넘쳐나고 적어도 북미에서는 기술의 발전으로 여가가 상당히 많이 생겼는데도 이런 일이 일어난다는 것은, 이 문제가 '기도할 시간을 찾는 일'과는 거의 무관하다는 걸 보여 준다고 생각해. 오히려 이건 불리한 조건, 곧 시간을 하나님의 영원의 한 측면으로서가 아니라 '시간은 돈'이라고 배우게 되는 상품의 측면에서 기도하는 법을 배우는 일과 더 관련이 있지.

이것은 네가 이 문제를 잘못된 방향에서 접근하고 있다고 생각하는 이유이기도 해. 우리의 스케줄을 조정하고 또 조정한다고 해서 '기도할 시간'이 마련되는 게 아니야. 오히려 그 시간을 마련하기 위해서 가장 먼저 해야 할 일은 그 일정표 자체를 버리는 거야.

진심이야. 일정표를 버려 봐. 그 일정표는 세상의 일과 사회생활 계획을 관리하고 제시간에 직장에 나가며 약속 시간을 지키는 일에는 유용할지 모르지만, 기도 생활에는 부정적인 영향을 미치지. 그런 일정표는 '시간이란 내가 조정할 수 있는 물량적인 것'이라는 생각을 강화시켜 주거든. 하지만 시간은 자기 자신을 발견할 수 있는 거대한 창조의 영역이라고 생각해.

너의 하루를 스스로 끼워 맞춰야 하는 시간계획표로 인식하지 말고, 네가 참여하는 의식(儀式)—성스러운 공간과 시간 속에서 일어나는 리듬이 있는 활동의 연속—으로 다시 인식하라고 격려하고 싶어. 시간 계획에는 생기도 없고 융통성도 없어. 활기도 없고 비인격적이지. 하지만 의식에는 탄력성과 여유가 있어. 의식은 역동적이고 참여적이야.

스케줄은 지키거나 지키지 않거나 두 가지 선택밖에 할 수 없어. 하지만 의식은 변화와 개조가 무한 가능하지. 중요한 것은 균형과 운동, 관계, 만남, 리듬이야. 스케줄에 기도를 끼워 맞추려는 것은 하나님을 끼워 맞추려는 것과 같아. 스케줄은 의식을 세속화한 거야. 일정표는 그 경전이나 다름없고.

해결하고 결정해야 할 실제적 사항들이 많다는 건 나도 알아. 난 그런 일들을 잘 잊지 않거든(우리가 간혹 덴버에서 만날 때 내가 항상 약속 시간을 잘 지킨 것 알지?). 하지만 기도에 관한 한 우리가 할 수 있는 가장 중요한 일은 상상력으로 시작된다고 나는 확신해. 하루(일주일, 한 달, 일 년)를 하나님의 방식에 참여하며 반응하고 동참하는 의식으로 보는 상상력 말이야. 우리는 하나님을 위해 애써 시간을 내는 것이 **아니야**. 이 얼마나 생색내는 듯한 말인지!

의식이 일정표보다 쉽다고 말하는 것은 아니야. 절대 아니지! 그것은 훨씬 더 어려운 일이고, 훨씬 더 많은 집중과 훈련을 요구하는 일이 맞아. 보병 연대에서 행군하는 것보다 발레를 하는 데 더 많은 노력이 필요한 것과 똑같은 이치야. 내 말은 일종의 의식이야말로 우리가 기도할 수 있는 적절하고도 여유로운 시간과 공간을 얻을 수 있는 유일한 방법이라는 거야. 너의 일정표를 버리길 바라. 그것만이 "쉬지 말고 기도하라"고 말한 바울의 의도를 발견할 수 있는 유일한 길일 거야.

주님의 평화를 빌며,

유진

36. 친구를 전도해 놓고 염려하는 친구에게

네가 지난주에 교회에 데려간 친구가 교인들의 엄숙한 표정에 질려 버렸다니 안됐네. 하지만 나라면 너무 마음 상해하지 않을 것 같아. 우리에게 전능하신 분을 홍보할 책임이 있는 건 아니니까. 게다가 미네소타의 날씨나 노르웨이 사람들의 성장 배경이라는 것이 영적 열광을 부추길 만한 요소는 못 되잖아(물론 두 가지가 합쳐졌을 경우에는 더 말할 나위가 없고!). 그 친구에게 말해 주렴. 그리스도인들 가까이에서 좀 지내다 보면 함께 웃을 사람이나 주변 사람들에게 웃음을 주는 이들이 아주 많을 거라고, 루터교 교인도 마찬가지라고. 아무리 엄숙한 교인들에게라도 생기를 불어넣어 줄 만한 성자들의 이야기와 색다른 일화들이 우리에게는 많잖아.

유머라고는 전혀 없었던 시대에 살았던 아빌라의 성 테레사

(St. Teresa of Ávila) 이야기를 그녀에게 해 주면 좋을 듯해. 성 테레사는 경솔한 언행은 경멸했지만, 자신의 훌륭한 유머감각은 누를 수가 없었지. (이 이야기의 출처는 분명하지 않지만, 그녀의 품성에 잘 어울리는 이야기야.) 이 스페인의 성녀가 하루는 별채에서 기도문을 읽으면서 머핀을 먹고 있었대. 그때 마귀가 나타나서 그녀를 꾸짖었다는 거야. "너무나 영적이지 않군. 정말 지독한 신성모독이야!" 그러자 테레사가 되받아쳤지. "기도는 하나님의 몫이고, 머핀은 내 몫이고, 나머진 네 몫이야."

주님의 평화를 빌며,
유진

37. 영적 지도자를 찾는 친구에게 2

미안하지만, 그건 좋은 생각이 아니야. 절대 좋은 생각이 아니야. 카를 융(Carl Jung)식의 영성에 빠져 있는 사람을 영적 지도자나 조언자로 선택하는 일은 작게는 어리석은 일이고 심하게는 파멸로 이끄는 일이지.

오늘날 많은 사람이 융을 영적 지도자로 선택하고 있다는 사실은 나도 잘 알고 있어. 하지만 융이 아무리 영적이라고 해도, 그리스도인이 아니라는 것은 분명해. 인간의 정신에 대해서는 그에게서 많은 것을 배울 수 있을 거야. 하지만 그의 모든 놀라운 통찰력에는 맥락도 확신도 책임감도 없잖아.

융은 기독교적 방식을 완강하게 거부했고, 도덕에 무관심했어. 그는 '신성'에 관한 말은 많이 했지만 예수 그리스도 안에 계시된 하나님과는 전혀 교제하지 않았고, 자신의 절대적 욕망들을 스스로 조절하고 있는 것처럼 행동했어. 하지만 실제로는 아무 여자하고나 잠을 잤고, 필요할 때마다 거짓말을 했고, 계속해서 자기 자신을 위대한 신으로 삼고 살았지. 그는 예리하고도 강력한 의미를 지닌 기독교의 용어들, 예를 들어 죄, 회개, 순종, 심판, 구원, 희생, 영광 같은 영적 어휘들―성부, 성자, 성령은 말할 것도 없고!―을 모조리 훔쳐다가, 하나님과 시내산과 갈보리와는 전혀 상관없이 모든 것을 설명하는 정신 나간 원형들로 대체해 버렸어.

물론 그에게 신학과 도덕성이 결여되어 있다고 해서 그의 통찰력마저 무시하는 것은 아니야. 통찰력이란 소중하고 유용한 것이니까. 그러나 신학과 도덕성의 맥락, 곧 성경의 계시에서 벗어난 통찰력은 하나님과 도덕적 생활의 맥락에서도 우리를 벗어나게 만들어. 우리가 관계를 맺어야 할 분은 결국 하나님이야. 또한 도덕적 생활은 거룩한 삶을 엮는 씨실과 날실을 제공해 주고.

융과 그를 열렬히 따르는 이들에게서 배울 수 있는 것은 배우도록 해. 그러나 개인적으로 영향을 받는 일은 피하기 바라. 매혹적인 융의 언어의 마약에 취하는 것보다, 재미는 없지만 독실한 그리스도인인 농부 친구들 중 한 사람과 커피를 마시는 편이 훨씬 더 안전할걸.

주님의 평화를 빌며,
유진

38. 교회를 떠난 자녀를 둔 친구에게

네 아들이 "교회 가는 일에 실패했다"고? 재미있는 표현이군. 지금 상황에서 보면 아주 솔직한 표현이기도 하고. 아들이 현실에 대해 네가 가진 기초 지식을 똑같이 가지고 있지 못하고, 네가 다니는 교회에 함께 다니는 '습관'도 들어 있지 않아 실망하고 있다는 걸 알아. 그러나 인내심을 가져 봐. 네가 그 나이였다면 교회 가는 일에 '실패'했다고 절대로 인정하지 않았을걸. 너는 그때 교회를 **졸업**했다고 주장했으니까.

내가 볼 때 오늘날 그리스도인들에게 가장 어려운 일 중 하나가 단순히 교회에 나가는 거야. 특히 네 아들처럼 경험이 없는 젊은 새로운 회심자들에게는 더 그렇지. 철저하게 반문화적이었던 초대교회는 그들만의 **정체성**을 거의 항상 지니고 있었어. 그 정체성 내지 일종의 감흥은 위기의 때든지 은혜의 때든지 상관없이 늘 결연하게 깨어 있는 기독교적 정신을 만들어 냈고. 많은 제3세계 교회들은 아직도 그것을 유지하고 있지. 하지만 현대 교회는(적어도 북미에서는) 스스로를 문화에 적응시키려고 최선을 다하고 있어. 세속화된 껍질 밑 깊은 곳에서는 여전히 교회의 모습을 지니고 있지만, 그 '날카로움'은 사라졌지. '교회'는 더 이상 대담해 보이지도, 위험해 보이지도 않아. 네 아들의 실망을 이해할 수 있어.

영혼의 순례길을 걷다 보면 사소한 것들의 불경스러움에 민감해지고 무의미한 것들을 견디지 못하는 단계가 있어. 죄인들이 함께 모일 때는 항상 사소한 것과 무의미한 것들이 많기 때문에, 여기에 잘 준비되어 있지 않은 경우에는 차라리 그것을 견딜 만한 충분한 힘이 생길 때까지 그 자리를 피하는 편이 더 낫지.

오늘날 교회 안에서 그렇게 하려면 성숙한 그리스도인의 도움이 필요해. 너는 아들보다 40년 먼저 시작했잖아. 그 많은 세월 동안 찾고, 아파하고, 생명을 잃었다가 다시 찾는 과정을 통해 너는 여러 죄인 중 한 명으로서 교회에 들어올 준비를 할 수 있었고, 말씀과 성례를 통해 얻는 구원과 은혜 하나하나에 감격할 수 있었지. 하지만 앤더스는, 어떤 점에서 교회는 '고도로' 거룩하고 훌륭한 사람들의 이상적인 사회여야 한다고 아직도 생각하고 있는 거야.

앤더스에게 몇 년 여유를 주는 게 좋을 듯해. 언젠가는 앤더스도 자신을 향한 설교자이자 사제가 그 자신이 될 수 없다는 사실과, 하나님은 전혀 예상치 않은 곳에-목공소, 고기잡이배, 세면대, 저녁 식탁 그리고 심지어 교회에-그분의 영광을 감추고 계신다는 사실을 깨닫게 될 거야. 그동안에는 자꾸 잔소리를 하지 않는 게 좋을 것 같네.

주님의 평화를 빌며,
유진

39. 기도의 공동체를 찾은 친구에게

"그 어느 곳에서도 멀리 떨어져 있는" 황량한 평원 위에 외따로 서 있는 수도원을 우연히 지나가다가, 기도하는 형제들의 공동체를 발견한 네 기쁨이 여기까지 전해지고 있어. 거룩함은 **장소**로 스며든다는 확신이 점점 더 강해져. 그런 곳에 가면 항상 고향에 간 듯한, 꼭 **천국**에 간 듯한 기분이 들거든.

우리는 삶의 많은 부분을 유랑하며 살 수밖에 없으니, 우리의 진정한 정체성을 다시 세워 주는 사람들과 장소를 만난다는 건 **정말** 중요한 일이지. 적어도 1년에 두 번은 그곳에 찾아갈 수 있기를 바라.

주님의 평화를 빌며,
유진

40. 자연에서 은혜를 누리는 친구에게

네 딸과 함께 강에서 카누를 타며 하루를 보낸 이야기 재미있게 읽었어. 네가 사는 미네소타 북부의 강에는 한 번도 가 보질 못했네. 기회가 되면 언제 너와 함께 가고 싶다. 지금까지 개발된 여행 수단 가운데 카누가 가장 명상적이라고 생각하지 않니? 네가 카누를 탔던 그날(내 기억엔 같은 날인 것 같아), 잰과 나는 우리가 좋아하는 산길을 따라 다섯 시간 동안 도보 여행을 했어. 여행길 내내 가볍게 비가 내렸는데, 빗속에 발광물질이라도 있는 양 이제 막 피어난 야생화의 화려한 색채를 돋보이게 해 주더라고. 고산식물이 그렇게 풍성히 피어 있는 모습은 처음 보는 듯했어. 마치 아름다움이 폭발해 버린 듯한 광경에 약간은 비틀거리듯이 발걸음을 옮기는데, 잰이 죽은 그루터기에 앉아 있는 화려한 빛깔의 작은 새를 발견한 거야. 우리는 그 새를 보고 또 보았지. 처음 보는 새였어. 빨간빛과 오렌지빛으로 온통 몸을 감싸고 있었어. 새는 날아가 버렸지. 처음엔 벌새인가 보다 생각했는데, 나중에 알아보니 루퍼스라더군. 우리로서는 처음 보는 새였지.

우리 안에 있는 보이지 않는 은혜를 눈에 보이게 확인시켜 주는 것들이 이렇게 많으니, 우리는 참 운이 좋다고 생각하지 않니?

주님의 평화를 빌며,
유진

41. 안팎으로 어려움을 겪고 있는 친구에게

나는 너와 지금처럼 계속 편지를 주고받을 수 있기를(그리고 너도 그것을 원하기를) 바라. 요즘 네 몸과 영혼에 그리고 직장과 교회에도 풀기 어려운 복잡한 일들이 일어나고 있는 것 같더라. 최근에는 특별한 은혜들을 받았지만, 앞으로는 퍽 무미건조한 기간이 오래 계속될 거야. 항상 그래. 우리가 편지를 주고받는 게 어느 정도 틀이 잡히면서(만약 우리가 같은 도시에 살았다면 직접 만나서 대화를 나눴겠지), 나는 기도하는 마음으로 네 삶을 바라보게 되었어. 동시에 너는 마음속에 떠오르는 모든 느낌과 의견들을 불안하게 지켜보고 해석하고 평가해야 하는 짐을 덜게 되기도 했고. 너는 원하기만 한다면 어느 정도는 즐기면서 살 수 있어(물론 즐길 수 없을 때도 있지만!). 이제 70대에 접어든 네 삶 속에서 하나님의 영광을 위해 사는 데 필요한 힘과 미덕을 성령이 키워 나가시니까.

주님의 평화를 빌며,
유진

42. 신앙이 드러나는 양상을 고민하는 친구에게

독립기념일 연휴에 한 친구와 같이 시간을 보냈어. 일요일에는 그 친구와 함께 교회에 갔지. 향수(nostalgia)와 미국적인 것과 성수(holy water)가 솜씨 있고도 정교하게 잘 배합되어 있는 예배였어. 오르간이 "성조기여 영원하라"를 마치 막힌 것을 다 뚫어 버릴 듯 큰 소리로 연주하는 가운데, 커다란 미국 국기가 지하에서부터 성가대석과 강단 사이로 서서히 올라오면서 예배는 절정에 달했지. 그리고 모든 사람이 일어서서 박수를 치는 가운데 예배가 끝이 났어.

너도 짐작하겠지만 나는 전혀 즐겁지 않았고, 호주머니에 찔러 넣은 손을 뺄 수가 없었어. 예수님이 "가이사의 것은 가이사에게, 하나님의 것은 하나님께"라고 말씀하신 것이 이런 뜻은 아니라고 생각해.

어쨌거나 네 편지를 읽으면(내가 전에도 이런 얘기를 했던가?) 네가 점점 더 기도하고 있다는 것, 직장 일과 예배 그리고 자녀와 동료들에게 솔직하고 꾸밈없는 관심을 기울이고 있다는 게 느껴져. 네 자신에 대한 관심은 갈수록 줄어들고, 성령이 보여 주시는 은혜와 그분이 만들어 가시는 거룩함에는 점점 더 민감해지고 있는 것 같아.

주님의 평화를 빌며,
유진

43. 청소년을 어떻게 이끌지 고심하는 친구에게

교회에서 왜 너에게 청소년들의 고문이 되어 달라고 부탁할 생각을 했을까? 그리고 너는 왜 그 제안을 받아들였을까? 너보다 **자격이 모자란** 사람은 없을 텐데 말이야. 너는 지난 40년을 하나님께 반항하며 살았고, 네 자녀들은 성장기에 네가 무책임하게 심어 준 잘못된 정보와 왜곡에서 이제야 겨우 회복되고 있는 중이잖아.

하지만 다른 면에서 보면 그 **결격사유야말로** 너의 자격 사유가 될 수 있다고 봐. (기독교 영성에서는 이런 일이 종종 일어나지!) 적어도 너는 청소년들의 영혼이 순수하다는 환상에 사로잡혀 있지 않고, '청소년은 교회의 미래입니다'라는 식의 분별없는 구호를 주워듣거나 퍼뜨리지 않을 만큼 면역 접종이 잘 되어 있으니까. 오랫동안 이 문제를 다루어 온 너도 나만큼 잘 알고 있겠지만, 청소년기는 오히려 거의 아무거나 닥치는 대로 기독교적 신앙과 자세에 포함시킨 후 머릿속에서 한 번 뒤집어서, 결국에는 복음서의 의도와 정반대로 만드는 데 능숙한 시기잖아. 심지어 청소년들은 마땅히 그들보다 더 잘 알아야 할 어른들에게 종종 칭찬까지 받아 가면서 그런 일을 하지. 아직은 완전히 형성되지 않은 청소년들의 신선한 열정과 감상적 요구에 매료된 어른들은 그들을 위해 무엇이든지 해 줄 준비를 갖추고 있어. 젊은 시절은 우리의 나머지 인생을 결정지을 선택을 내리는 중요한 시기이기 때문에, 교회의 어떤 지도자들은 청소년들에게 특별한 관심을 기울여서 그들을 교회 안에 "붙잡아 두고" 확실하게 헌신을 끌어내야 한다는 압력을 우리에게 가하기도 하지.

네가 교회를 떠나 있는 동안 북미의 교회에서는 또 하나의 현저한 변화가 일어났어. 청소년 사역에 전문적으로 집중하는 현상이 나타난 거야. 북미의 청소년 문화 전반이 주요 사역 분야로 설정되었고, 그 분야에서 일해 온 많은 사람이 가장 성실하고 희생적인 예수님의 종으로 꼽히곤 해. 이 일에 헌신한 이들의 사역은 좋은 결과를 많이 낳았지. 사실 우리 시대에 이루어진 아주 모험적이고 희생적인 기독교 사역 가운데 일부가 이 분야에서 이루어졌어. 그러나 여기에는 부정적 측면도 있어. (영성의 영역에서 이것은 드문 일이 아니야. 우리가 어떤 일을 정말 잘 해냈는데, 그 탁월함이 아주 바람직하지 못한 어떤 것을 은폐하는 일에 사용되고, 게다가 사람들은 꽤 오랫동안 그 사실을 눈치채지 못하는 일 말이야.)

문제는 이거야. 청소년들에게 집중하고 그 사역을 전문화하는 바로 그 행위 속에서, 청소년기에 나타나는 최악의 특징 두 가지가 어느 정도 공인된다는 사실이지. 그 특징은 바로 자기도취와 열광적 추종이야. 청소년들은 자기주의(selfism)에 빠져들고, 지배적 성인문화에 대해 일종의 열광적 순결성과 우월성을 개발시켜. 그것이 허용되기만 한다면 말이야. 하지만 우리는 청소년들이 이기주의나 열광적 추종과 협력하는 게 아니라 거기에서 벗어나기를 바라지.

따라서 아무도 의도하지 않았지만, 청소년들의 가장 나쁜 특징에 호소하기 위해 기독교의 복음을 각색하는 일이 광범위하게 일어나고 있는 거야. **자기 자신**을 충족시키고 즐길 수 있는 해결책으로 예수님을 소개한 결과, 청소년들의 이 신나는 **문화**가 나머지 교회의 규범이 되어 버린 거지. 결론적으로 우리에게는 성인이 되고 싶어 하지 않는 피터 팬들로 이루어진 청소년 교회가 남았어.

예수님이 제자들을 위해 희생할 준비를 하시면서 그리고 제자들에게 그 같은 희생과 구원의 삶을 살도록 가르치시면서 하신 말씀과는 그야말로 큰 차이가 있지 않니?

네가 몸담고 있는 교회 교인들은, 젊은 사역자를 구할 돈이 없어서 너에게 고문 역할을 부탁할 수밖에 없게 된 이 상황이 얼마나 다행스러운 건지 모를걸. 너는 그런 젊은 층에 질릴 대로 질렸으면서도, 그리스도 안에 계신 하나님이 자신의 삶 속에 어떻게 임재하시며 어떻게 일하시는지 알고 싶어 하는 마음이 있는 사람에게는 나이에 상관없이 누구에게나 한없는 인내심을 발휘하는 사람이니까.

이야기가 옆길로 샌 것 같지? 네가 교회 청소년들과 함께할 때 필요한 몇 가지 지침을 부탁하는 바람에 이렇게 되었어. 교회의 '청소년 사역'이 몰고 오는 부정적 영향에 대해 이야기하는 동안 한 가지 생각이 떠올랐어. 하지만 그 얘기를 들으려면 이틀 정도 기다려 줘. 지금 병원에 가야 하거든. 어쨌거나 "어리석은 자를 그리스도께" 인도하는 일에 뛰어든 너를 존경하며, 너를 위해 기도하고 있다는 걸 알아주기 바라.

주님의 평화를 빌며,
유진

44. 청소년 모임을 준비하는 친구에게

노르웨이 청소년들의 고문이라는 네 새 일에 관한 내 의견을 말해 볼게. 예닐곱 명의 그 십 대들을 집으로 초대해서 함께 식사 준비를 해 봐. 2주에 한 번 정도 만나는 정기 모임으로 만드는 거야. 그게 전부야.

별것 아닌 것처럼 보이는 이 행사에는 몇 가지 의미가 담겨 있어. 첫째로, 너는 요리를 좋아하고 또 잘하지. 게다가 너희 집에는 온갖 조리 기구를 갖춘 널찍한 부엌이 있잖아. 효율성을 추구하는 패스트푸드 문화 속에서 살아온 그들에게 너희 집 부엌은 세심한 배려로 음식을 준비하는 새로운 세계를 열어 줄걸. 음식 준비가 얼마나 수고로운 일인지 알게 되면 그 애들이 쓰는 말로 '대박' 충격을 받을 거야. 둘째로, 너는 청소년 수준으로 내려가지 않고서도 그들을 인격적으로 진지하게 대할 수 있게 돼. 그들을 어른들의 세계로 초대해서 그 세계에 동참시키는 거니까. 그들은 이 모임을 통해 해도 좋고 안 해도 그만인 일을 하는 것이 아니라 진짜 일을 하게 될 거야. 오락이 아닌 일(물론 일에도 즐거움이 없는 건 아니지만) 말이야. 셋째로, 이것은 곧 손님을 접대하는 일과 같아져. 손님 접대는 개인적 관계를 발전시키고 예수님에 관한 이야기를 나누기에 가장 좋은 환경을 마련해 줄 거야. 예수님의 사역 중에는 요리하고 식사하는 가운데 정말 많은 일이 일어났거든. 그 청소년들은 함께 음식을 준비하고 식사하면서, 네가 그들을 있는 모습 그대로 진지하게 받아들이고 있다는 사실을 알게 될 거야. 굳이 따로 강조하지 않아도 말이지. 내 아내는 "진정한 손님 접대는 누가 주인이고 누가 손님인지 구분이 되지 않을 때 이루어진다"고 종종 말하곤 해(아내도 어디에선가 들은 말이라고 하는데, 정확히 누가 한 말인지는 기억이 안 난다는군). 냄비에 있는 재료가 끓기를 기다리거나 감자가 익기를 기다리는 동안, 한 사람이 대표로 소리 내어 읽을 만한 책을 주변에 한두 권 준비해 놓으면 나중에 대화를 나눌 때 도움이 될 거야.

너는 맛이 있으면서도 창의력이 돋보이는 복잡한 요리를 수십 가지 할 수 있으니 그 아이들도 지루하지 않을 거야. 그들이 평소와 다른 특별한 경험을 할 수 있도록 잘 준비해 봐. 프로그램 같은 것에 동원된 것이 아니라 정중한 대우를 받고 있고, 정신적으로 교정해야 할 대상이 아니라 양육할 **영혼**으로 대접받는다는 느낌이 들도록 말이지.

이런 모임은 아주 자연스럽게 이웃을 위한 행사로 발전될 수 있어. 커다란 냄비에 끓인 수프를 무어헤드나 파고로 가져가서 배고프고 집 없는 사람들을 돌보는 단체에 줄 수 있을 거야. 또 일요일에 교회에 처음 온 사람들이 있으면, 너희 집에서 모이는 아이들 중에 누구나 자유롭게 그들을 초대해서 저녁 식사를 할 수도 있고. 이미 정기적으로 모이고 있으니, 빠른 시일 안에 손님들을 접대할 수 있는 기회가 미리 마련되어 있는 셈이지. 이렇게 하는 것이 교회에 처음 온 이들에게 '방문객'이라는 딱지를 철썩 붙여 주는 것—많은 교회는 이렇게 하고 있지만—보다 훨씬 낫지 않을까?

이제 내가 무슨 확신을 가지고 이런 모임을 제안하는지 이해하리라 믿어. **사역**이란 어떤 대상을 놓고 '선교' '전도' '청소년 사역'이라는 **이름을 붙이는 것이** 아니라, 예수님을 알고 섬기는 구체적인 상황 속에서 나오는 유기적인 것이라고 나는 믿어.

혹시 프랑스 전통 음식인 부이야베스를 요리하게 되면 나도 초청해 주면 좋겠다. 물론 나는 굶주린 사람도, 이방인도 아니지만 말이야.

주님의 평화를 빌며,
유진

45. 훈련의 중요성을 강조하는 친구에게

네가 추구하는 것을 '훈련'이라고 부르는 게 맞다고 생각하니? 그냥 '기도'라고 부르면 어떨까? 네 열정에 찬물을 끼얹고 싶지는 않아. 다만 내가 걱정하는 바를 말하는 것이 정직한 일인 것 같아. 축 늘어지고 무관심하고 경박한 우리 문화에 대항하려는 시도라면 무엇이든 좋아. 하지만 그리스도인의 삶에서 어느 측면이든 전문적으로 개발할 경우 '그래, 적어도 이 부분 **하나**는 내가 낫지. 그리고 이 부분에서만큼은 하나님도 나를 좀더 인정하실 거야'라고 생각하고 싶은 유혹을 받게 되는 듯해.

우리가 경계해야 하는 것은 기술(technology)이야. 기술은 하나님과 우리를 분리시키고 긍휼의 필요를 잊게 만들지. 하나님을 위해서 하는 일이라 해도 마찬가지야. 인생의 다른 많은 것처럼 우리는 좋은 것을 제대로 받아들이고 사용하는 방법을 배워야 해. 그렇지 않으면 좋은 것도 나쁜 것으로 변질되고 말거든. 예컨대 음식은 좋은 것이지만 너무 많이 먹으면 뚱뚱해지고, 성(性)도 좋은 것이지만 잘못 사용하면 나쁜 것이 되어 버리는 것처럼 말이야. 노동도 좋은 것이지만, 강제 노동은 우리를 노예로 만들잖아.

세상은 밖에 있는 수많은 전선(戰線)에서 능력을 개발하고 있는 반면, 우리 그리스도인들은 고집스레 집에 머물면서 뒤뜰에 앉아 우리가 얼마나 무능력한 존재인지 점점 더 깨달아 가려고 하지(이것을 옛말로는 겸손이라고 해).

주님의 평화를 빌며,
유진

46. 하나님에게서 멀어진 것처럼 느끼는 친구에게

네가 지난 몇 개월 동안 꾸준하게 해 온 지루하고 힘든 일에 이제 약간의 희망이 보인다는 생각이 들어. 적어도 이제는 무언가 움직이고 있는—어디로 떨어지고 있는지조차 모르는 것 같았는데, 이제는 어딘가를 향해 **가고 있는 듯한**—걸 느낀다니 말이야.

최근에 묵상하다가, 하나님께 버림받은 듯한 느낌은 참으로 **성경적**이라는 사실을 알게 되었어. "나의 하나님, 나의 하나님, 어찌하여 나를 버리셨나이까?"라는 예수님의 기도가 아니더라도 시편에 이 같은 표현이 얼마나 자주 등장하는지, 또 얼마나 자주—언제나?—그런 어려움에서 벗어나 결국에는 넓은 곳으로, 자유로, 푸른 초장으로 이끌어 주는지 몰라. 이 모든 일이 지나가고 나면 너를 계속해서 방해하고 주도권을 빼앗으려 하고 장애물이 되었던 옛 종교적 자아에서 벗어난 걸 발견하고 무척 기뻐하게 될 거야.

네가 그 과정을 **즐기기** 시작했다는 느낌이 드는데, 어때? 앞으로 펼쳐질 광대하고 열려 있는 삶을 어렴풋이 감지하고 즐거워하고 있지 않니? 최근에 한 친구에게 편지를 받았는데, 그 친구는 네가 지금 벗어나려 하고 있는 그 상태에서 몇 개월을 지내 왔어. 그녀가 편지에 이런 말을 썼어. "지난 수개월 동안 나는 희망이라는 단어의 새로운 의미를 배웠어요. 희망은 명사나 동사가 아니에요. 그보다 훨씬 더 깊은 것이지요. 희망은 삶을 하나로 엮어서 의미를 만들어 내는 구문(syntax)이에요.…좀더 '인간적인' 이미지로 말하자면, 희망은 누군가가 어린아이의 손을 붙잡듯 내 손을 붙잡고 이끌어 주는 그림과 같아요. 20년 동안 간호사로 살아오면서 그런 '희망'은 내게서 다 빠져나가 버렸어요. 그런데 지금은 마치 희망이 나에게 이식되어서 다시 자라고 있는 것 같은 느낌이에요. 작은 희망의 '풀'이 말이에요!"

그 표현이 마음에 와닿았어. 희망의 의미를 단순한 낙관주의나 소원의 차원 너머, 좀더 깊고 영원한 대상—하나님—에게로 향하는 것으로 심화시키는 말이었거든.

주님의 평화를 빌며,

유진

47. 종교적 일들을 고민하는 친구에게

그런 "종교적인 것들"은 없어도 된다는 네 말뜻을 알 것 같아. 네가 말하는 "그런 것들"이란, 밤늦게 열리는 교회 위원회 회의, 사소한 예산 논쟁, 딴 세상 얘기처럼 들리는 교단 선언문, 교회 정치 같은 것들이겠지. 나도 동감이야. 그런 '종교'는 한 번도 탐탁지 않았어. 하지만 우리가 그런 것 없이도 살 수 있다고는 생각하지 않아. 플래너리 오코너가 어딘가에서 말한 것처럼 "개가 는 곳에 벼룩도 따라다니는 것" 아니겠니.

이럴 경우에는 '종교'와 '영성'을 크게 구분해 보는 것이 도움이 될 것 같아. 나는 무언가를 질서 있게 유지해 보려는 노력, 하나님 앞에서 책임을 다하려는 노력을 '종교'라고 생각해. 그리고 예수님이 우리 안에 살아 있게 하시는 성령의 역사, 우리가 사랑과 긍휼을 베풀도록 격려하시고 우리를 축복하시며 회개의 무릎을 꿇게 하시고 경이감에 넘쳐 그 자리에서 일어나게 하시는 성령의 역사를 '영성'이라고 생각해. 종교는 주로 우리가 하는 일이고, 영성은 주로 하나님이 하시는 일이지. 나는 지금껏 종교에는 최소한의 책임감을 갖고 관여하면서 영성에는(성령께는!) 최대한 동참하려고 노력했어.

조작하거나 통제하거나 억압하거나 지루하게 만드는 종교를 과다 복용한 사람들이 '순수한' 영성을 추구하는 것은 이해할 만한 현상이야. 그러나 그들은 결코 자신들이 원하는 영성을 찾을 수 없을 거야. 기나긴 기독교 역사상 사람들은 스스로 오염되지 않은 영성이라고 생각하는 것을 만들어 보려고 많이들 시도했지만 언제나 자신들이 배척한 것보다 더 형편없는 것밖에 얻지 못했지. '네 일은 네가 하라'는 오래된 영성의 또 다른 변형밖에 얻지 못한 거야. 자아로 가득 차 있고 하나님은 거의 찾아볼 수 없는 영성 말이야. 그게 바로 자아의 영성이라는 거야. 오늘날 우리는 그 영성의 전염병으로 고통받고 있지.

몇 년 전, 시간이 날 때마다 베네딕도수도회에서 드리는 저녁예배에 참석했었어. 조용하고 단순한 예배, 수녀복을 입고 있는 그들의 익명성, 아주 자연스럽고도 자발적 전례가 몹시 좋았지. 그런 것들은 내가 속한 장로교의 종교적 소란함이나 음울

함보다 훨씬 더 영적으로 보였거든. 하루는 나와 대화를 나누던 수녀가 그들을 낭만적으로 바라보는 내 부러움을 눈치챘는지, 이렇게 말하더라고. "당신은 우리가 항상 황홀경 속에서 지낼 거라고 생각하시지요? 설거지를 하면서도 공중에 떠다닐 거라고 생각할 수도 있고요! 한 가지 말씀드릴게요. 우리는 성자와 순교자들의 공동체랍니다. 여기서 순교자는 성자들과 함께 살아야 하는 사람들이라는 뜻이에요!" 그 말은 나를 꿈에서 깨게 해 주었어. 적어도 얼마 동안은 말이야.

사실 나는 지난 2년 동안 네가 이 문제를 잘 다루어 왔다고 생각해. 교회의 종교적 일에는 기꺼이, 신중하게 참여하면서도, 여러 상황과 경험을 겪어 보면서 다양한 사람들과 만나는 가운데 하나님의 말씀과 성령을 향해 물릴 줄 모르는 치열한 욕구를 유지한 건 참 잘한 일이야.

주님의 평화를 빌며,
유진

48. 뉴에이지에 관심을 갖는 자녀를 걱정하는 친구에게

네 딸이 취미 삼아 뉴에이지 개념들에 관심을 보인다고 해서 너무 걱정할 필요는 없다고 봐. 뉴에이지 개념 중에 현실에 제대로 적용되는 건 거의 없을 뿐 아니라, 네 딸도 생각 없는 사람 같지는 않으니까.

'모든 길은 하나님께로 통한다'라는 그들의 기본 교리를 한 예로 살펴볼까. 그들은 정말 사탄적 의식(儀式)을 남용하는 사람이나 이슬람 근본주의자들, 공산주의 테러리스트나 열렬한 종교인들이 모두 하나님을 향해 가는 같은 길 위에 있다고 믿는 걸까?

우리 그리스도인들은 '어느 곳이든 하나님을 찾기 위한 출발점이 될 수 있다'는 입장을 갖고 있어. 어떤 신앙이나 행동 혹은 상황도 하나님을 찾는 출발점이 될 수 있어. 나는 요한복음

3장과 4장을 좋아해. 사도 요한은 정통 신앙을 가진 경건한 니고데모와, 이교적이며 평판도 썩 좋지 않은 사마리아 여인을 나란히 등장시킴으로써 두 사람이 처한 상황 모두 예수님과 함께 새로운 삶을 시작하기에 전혀 손색이 없었다는 걸 보여 주고 있거든.

네 딸 주디스는 지금 막다른 골목이 아니라 출발점에 있는 거야. 이 상황에서 가장 도움이 되는 것은 너의 논쟁이 아니라 기도고. 나도 함께 기도할게.

주님의 평화를 빌며,
유진

49. 성경 공부 모임을 인도하는 친구에게 1

네가 함께 하고 있는 성경 공부 모임은 세계의 불가사의 가운데 하나라고 봐. 어쩌면 그리도 어울리지 않는 사람들을 한데 모아서 기도와 대화의 공동체를 엮어 나갈 수 있는지 나로서는 놀라울 뿐이야. 농부 두 명, 최근에 남편을 잃은 부인, 다운증후군 청년, 늘 시무룩한 역사학 교수, 자녀 양육보다는 시인이 되는 데 관심이 더 많은 어머니, 중서부 최고의 여성 골퍼로 급부상하면서 미네소타의 사랑을 한 몸에 받고 있는 (그러나 매스컴의 관심에는 잘 대응하지 못하고 있는) 젊은 체육인이 그 구성원이라고 했지. 매주 마가복음을 공부하면서 얻게 되는 통찰력과 탐구 내용, 그들과의 관계와 기도에 대해서 네가 쓴 편지(네가 꼬박꼬박 그 내용을 편지로 쓰는 것은 아니지만!)를 읽을 때면 늘 즐거워. 옛 청교도들은 이런 것을 "영혼을 살찌운다"는 말로 표현했지.

내가 '세계의 불가사의 가운데 하나'라고 말한 건 진심이야. 그렇다고 이런 일이 그리 드물게 일어나지는 않아. 이런 종류의 일들은 세계 전역에서 늘 일어나고 있지. 우리가 가지고 있는 성경은 지금까지 기록된 모든 책 중에서 가장 이해하기 쉽고, 가장 많은 사람에게 생명을 주며, 가장 많은 공동체를 만들어 내고 있는 책이야. 성경 같은 책은 다시없지. 네 경험은 그리스도인 몇 사람이 기도하고 순종하는 마음으로 성경을 받아들일 때 어떤 일이 일어나는지 다시 한번 확인시켜 주었어(굳이 재확인할 필요는 없었지만!). 네 모임이 증명하는 것처럼, 그것은 지성과 세련됨을 초월하는 문제야. 내가 성경 공부를 하면서 만난 가장 똑똑한 학생은 글을 거의 읽지 못하는 트럭 운전수였어. 그는 정말 잘 들을 줄 아는 사람이었지. 얼마나 집중해서 잘 듣던지!

그러니 신학교 여름 학기 인턴으로 새로 임명받았다는 허먼이라는 친구가 네 모임에 합류해서 성경 공부 방법을 가르치기로 한 것이 얼마나 당황스럽고 혼란스러운 일이었는지 알 만해. 성경을 조각조각 분해해서 연구하는 '역사·비평적' 도구의 매력에 잔뜩 취한 그 친구는 그렇게 분해한 조각들을 마치 깨진 질그릇 맞추듯 동사들끼리 맞추어 정리해 주는 걸 큰 선심처럼 생각하고 있지. 허먼이 한 일을 설명한 네 편지를 읽다 보니 『반지의 제왕』(*The Lord of the Rings*, 씨앗을뿌리는사람)에 나오는 간달프의 말이 생각나더라. "어떤 사물을 알아보기 위해 그것을 쪼개는 사람은 지혜의 길에서 벗어난 사람이다." 허먼이 좋아하는 성경 연구 방법은 우리 시대의 많은 그리스도인의 성경 공부를 거의 망쳐 놓았어. 하나님을 배척하는 이 세상에 줄 수 있는 한 가지 확실한 것은 인간의 언어로 된 하나님의 말씀이야. 그것을 잃지 않기 위해서라도, 너는 평신도로서 나는 목사로서 그러한 성경 연구 방법에 단단히 맞서야 하지. 너에게 어려운 것은 그가 말하는 **내용**이 아니라, 그 말을 하는 태도와 시기일 거야. 신학생들이 배우는 모든 성경 연구 도구들은 유용해. 평생을 강대상이나 설교단 뒤에서 살 사람들에게는 매우 소중한 것이기도 하고. 그러나 그것은 세심한 주의가 필요한 외과용 도구 같아서, 사용에 많은 주의와 지혜가 필요해. 내가 보기에 허먼은 그 도구들을 대장간에서 쓰는 큰 쇠망치나 쇠지레처럼 사용하고 있는 것 같아.

이 상황에서 네가 할 수 있는 일은 하나도 없을지도 모르겠다. 앞으로 석 달간은 그저 참아 주고 사랑해 주면 좋겠어. 네 성경 공부 모임은 허먼 같은 사람도 능히 받아 줄 수 있을 거야! 하지만 절대 허먼에게 위협감을 느끼지는 말도록 해. 전문가의 권위에 복종하는 오늘날의 경향은 모두 배척되어야 하니까. 영혼의 문제에서는 더욱 그렇지. 성경은 교수나 목사의 책이 아니라 모든 사람의 책이잖아.

주님의 평화를 빌며,
유진

50. 성경 공부 모임을 인도하는 친구에게 2

이틀 전 이른 아침에 산책하다가 고등학교 시절에 있었던 일이 하나 생각났어. 허먼을 이해할 뿐 아니라, 경솔하긴 하지만 좋은 의도를 가진 그의 '도움'이 썩 도움이 안 되는 이유를 이해하는 데 도움이 될 만한 이야기야.

오스카 외데고르와 버키 존스 패거리를 기억하고 있니? 그들이 사격 클럽을 조직해서 매주 모이고, 총을 애지중지 아껴가며 사격 훈련을 해서 대회에 나간 것과 우리가 그 모든 일에 당혹감을 느꼈던 것도?

물론 당시 문화에서는 거의 모든 청년이 총을 가지고 있었지. 그건 '총의 문화'였어. 자신을 '야성적 서부인'으로 인식하던 우리에게 총은 없어서는 안 되는 물건이었으니까. 하지만 너와 나를 비롯한 대부분의 친구들은 사냥과 도보 여행, 산과 강, 꿩과 오리, 사슴과 영양 같은 좀더 큰 세계의 한 부분으로만 총을 생각했지. 총은 날씨와 야성과 젊은이들의 우정으로 이루어진 세계, 아주 복잡하게 얽혀 있어서 앞을 전혀 예측할 수 없는 세계로 들어가는 입장권에 불과했던 거야. 그러니 총으로 무엇을 쏘아서 맞추는 것은 우리에게 그리 중요하지 않았지. 아무것도 맞추지 못할 때가 훨씬 더 많았어. 총을 통해 우리는 특별한 종류의 **생활**에 동참할 수 있었고, 총은 그 상징이었던 거야.

우리는 그 사격 클럽을 지나치게 **환원주의적**이라고 봤어. 넉넉한 품과 풍부한 감각을 지닌 숲과 강의 변화무쌍한 삶을 한낱 정확성과 조절 능력에 내주다니. 그들이 우리보다 총을 더 잘 쏘았던 것은 사실이야. 적어도 진눈깨비가 내리지 않는 날에는 그랬지. 그러나 우리가 보기엔 정말 지루한 일이었어. 게다가 트로피를 죽 진열해 놓고, 특수 재킷을 사서 입고는 생색내는 듯한 태도로 잘난 척하고 돌아다니는 모습은 그야말로 볼만했지.

허먼이 성경을 가지고 하는 일이 이와 비슷하다는 생각이 들지 않니? 성경을 **정확하게** 전달하기 위해서, 성자와 죄인이 함께 살고, 의심과 믿음이 공존하며, 고통스러운 일들과 당황스러운 일들이 동시에 일어나고 있는 이 복잡한 현실과 성경을 분리

시키려는 그의 시도를 보면 말이야. 하지만 성경은 평범한 사람들 사이에서 일어나는 죄와 구원의 난투에서 나온 책이야. 성경 해석은 반드시 위생적인 실험실 안에서 해야 한다는 주장이 성경을 특별히 더 명예롭게 만든다는 생각은 한 번도 해 본 적이 없어. 허먼이 성경에 적용하는 모든 지식은 유용하지만, 성경을 읽고 가르치면서 실제 '상황' 속으로 들어가지 않는 한 그는 결코 성경을 제대로 이해할 수 없을 거야. 그가 너의 멋진 성경 공부 모임을 '사격 클럽'처럼 만들지 않도록 주의하는 게 좋겠어.

주님의 평화를 빌며,

유진

51. 기도를 잘하고 싶은 친구에게 2

기도에 관해서는 단순하게 집중하는 것이 가장 좋은 방법이라고 생각해. 어떤 기술을 습득했다고 해서 성숙한 기도를 할 수 있는 게 아니라, 성령께서 예수님 안에서 계시하신 하나님 아버지와 점점 더 친밀해지는 가운데 성숙한 기도를 할 수 있는 거야. 이 표현을 보면 기도가 얼마나 **관계적**이고(인격과 관련이 있으니까), 하나님과 얼마나 많은 관련이 있는지 바로 알 수 있을 거야. 하나님은 너보다 훨씬 더 적극적으로 네 기도 속에서 활동하시는 분이야.

역사상 대부분의 그리스도인들은 시편을 기본 기도서로 삼아 기도하곤 했어. 이러한 기도를 통해 그들은 인간이 경험할 수 있는 모든 상황을 경험할 수 있었고, 하나님이 우리를 만나시는 셀 수 없이 다양한 방법을 알게 되었지. 너는 마치 오리가 물을 대하듯이 이런 보편적 방법을 받아들인 것 같아.

내가 이제 제안하고 싶은 것은, 거기에 덧붙여서 주기도문을 날마다 묵상하고 그것으로 기도하라는 거야. 시편이 폭넓고 다양한 기도를 하게 해 준다면, 주기도문은 간결하고 집중된 기도를 하게 해 줘. 그러나 지금은 주기도문에 관한 다른 이들의 글을 읽는 것은 피하는 게 좋을 것 같아. 네 스스로 탐구하고 발견하는 게 좋아. 주기도문은 하나님의 마음을 계시하고 있고, 우리가 하나님의 존재와 행동에 반응하며 동참할 수 있는 방법들을 보여 주고 있어. 그 여섯 가지(혹은 일곱 가지) 간구가 네 하루와 일주일을 이끌어 가도록 하는 거야. 기계적 반복은 두려워하지 않아도 돼. 우리가 거부감 없이 주기도문으로 자주 반복해서 기도하면, 그 기도는 자연스럽게 우리의 피와 살이 될 거야(사실 그 일은 자연스럽게 이루어지는 것이 아니라 성령이 그렇게 만드시지).

우리가 존경하는 옛 스승들 가운데 많은 사람은 회중에게 그리스도인의 삶을 지도하고자 할 때 단순히 주기도문을 가르쳤어. 기도는 우리가 무릎을 꿇고 하는 어떤 행위가 아니라, **우리가 사는 삶**이야. 무릎이 기도의 받침대 역할을 할 수는 있어. 하지만 우리가 바라는 것은 우리 삶이 곧 기도가 되는 것이잖아.

나는 네가 현대 종교의 변덕스러움과 유행을 쫓느라 소중한 시간을 낭비하지 않기를 바랄 뿐이야. 옛 방법이 더 좋은 법이거든.

주님의 평화를 빌며,
유진

52. 중요한 결정을 앞둔 친구에게

"거절할 수 없는 제안을 받았다"고? 그런 제안을 받았을 때 내가 보이는 반사적 반응은 즉각적 거절이야. 그 제안을 한 회사는 틀림없이 그 문제에 관해 기도하지 않았을 거야. 그들은 명성과 경제적 이익이라는 관점에서만 너를 보고 있는 거지. 네가 단지 금전적 가치만으로 인생의 중요한 결정을 내린다는 건 생각조차 하기 싫다.

편지에 숨어 있는 질문은 잘못 표현된 것 같아. 우리 삶에 온전함/행복을 가져다줄 일을 해야 할 것인지, 아니면 그것을 무시하고 우리 주위의 필요들을 먼저 찾은 후 우선순위를 결정해서 이를 악물고 그 일을 해야 할 것인지 물어본 것 말이야. 마치 편지글에서 네 목소리가 들리는 듯했어. 하지만 그건 둘 중에 하나를 고를 문제가 아니야.

우리가 살펴보아야 할 것은 두 가지야. 한 가지는 우리가 하나님의 사랑/구원 안에서 온전함과 평화를 누리며 온전해지기를 하나님이 참으로 원하신다는 거야. 고통은 영적 속성이 아니야. 불편함이 곧 하나님의 뜻을 행하고 있다는 표시도 아니고, 힘겨운 삶이 곧 예수님의 십자가를 지고 있다는 증거도 아니지. 이 모든 것은 우리의 지성을 흐리게 하는 이교적 생각들일 뿐이야. 우리는 이런 생각들을 버려야 해.

반면에 행복도 좋은 기준은 아니지. 우리는 때로 우리에게 가장 좋은 것이 무엇인지 모를 때가 있어. 우리는 성숙하지 못한 사람들이고 죄인이며 자기중심적인 사람들이거든. 그래서 우리가 우리 자신의 유익을 위해 선택하는 것이, 사실은 그 유익과 전혀 상관없는 경우가 많아. 가장 큰 유익은 우리 안에 계신 예수 그리스도 아니겠니. 그렇기 때문에 희생 제사가 우리 삶의 중심을 차지하는 거고. 우리 스스로 우리의 삶을 만들어 가는 것이 아니라 그리스도의 형상을 닮을 수 있도록 믿음으로 하나님 앞에 우리를 두어야 한다는 말이야.

너는 이제 어떻게 결정할까? 아마 지금 네가 하고 있는 그 방법대로 할 것 같아. 축복과 충만함을 기대하되, 하나님이 너를 통해 하시고자 하는 일을 위해 당장의 만족을 기꺼이 희생

할 마음의 준비를 하는 것 말이야. 종종 하찮은 수단을 통해 하나님의 뜻을 분명히 알게 될 때가 많아. 예를 들어 편지를 주고받거나, 친구들과 얘기를 나누거나, 일요일에 드리는 예배를 중심으로 생활의 영역과 규모를 세우는 일들을 통해서 말이야. 이렇게 기도하는 마음으로 지내다 보면 마침내 결정을 내리게 되는 날이 와(그 결정이 절대적으로 옳다고 확신할 수 없다 해도). 그러면 하나님은 결정한 바대로 살 수 있는 은혜를 주시는 거지.

그 유망해 보이는 제안을 네 새 친구들과 남다른(그러나 매우 겸손한!) 교회와 숲과 날씨의 아름다움과 같은 비중으로 두고 저울에 올리는 걸 잊지 말기를 바라. 많은 월급 때문에 오히려 생활이 삭막해지는 친구들을 많이 보았거든.

주님의 평화를 빌며,
유진

53. 겨울을 맞이하며 친구에게 2

두 주에 걸쳐 혹독한 추위가 계속되더니, 오늘 아침 일찍부터 눈이 내리기 시작했어. 해를 가리며 낮게 드리운 구름들이 마침내 그들의 보물을 쏟아 내기로 결정한 거지. 눈은 정말 조용하게, 마치 그 결이 느껴지고 만져질 것처럼 부드러운 침묵 속에 내린다고 생각하지 않니? 오늘도 여전히 춥지만, 눈이 오기 전과는 사뭇 다르네. 추위에는 단지 온도로 나타나는 것 이상의 어떤 것이 있는 듯해. 눈은 밋밋하고 칙칙한 추위를 조각보처럼 뒤덮어서 이야기가 있는 무언가로 바꾸어 버렸어. 마치 겨울의 으스스한 모습을 대림절과 크리스마스의 이야기로 바꾸라고 초대라도 하듯이.

두 시간 후면 친구들이 식사를 하러 올 테니, 새롭게 조각된 세계에 대한 감상은 이제 그만두고, 밖에 나가서 그 아름다움이 가져다준 불편함을 치워야겠다.

주님의 평화를 빌며,
유진

54. 교회와 삶의 본질을 고민하는 친구에게

네가 다니는 교회에 대한 편지가 내게 얼마나 큰 기쁨을 가져다주는지 너는 모를 거야. 그렇게 오랫동안 교회를 떠나 있던 네가 그리스도께 돌아온 지 얼마 되지 않아 가장 가까운 교회—눈에 잘 띄지 않는 도시 변두리의 작은 루터교회—에 가게 되고, 그 교회 교인들과 편안하게 지내게 되었으니. 단지 교회에 다니는 데 그치는 게 아니라 그 교제를 **좋아하게 된 건** 정말 기쁜 일이야.

그런 일이 얼마나 드문지 알고 있나 모르겠다. 시작이 좀 불안정하기는 했지만, 이제 너는 **자리를 잡은 것 같아.**

오늘날 우리 문화의 희생자는 그리스도인들이야. 세속 문화에서라기보다는—그들은 대개 교회를 무시하지—그리스도인 자신들 사이에서 더 희생당하고 있어. 물론 너는 알 리가 없겠지만, 목회자들이야말로 최악의 경우라고 할 수 있지. 나는 목회자들과 이야기할 때 가장 많이 당황하는 것 같아. 그들은 대개 자기 교회에 대해서 불평 아니면 자랑을 하지. 그들의 종교 사업이 번창하느냐 쇠퇴하느냐에 따라서 말이야. 목회자들의 이런 평가와 태도는 사람들의 입을 통해 곳곳으로 퍼져 나가곤 해.

너는 40년간 교회를 떠나 있었던 덕분에 그런 식으로 교회를 대하지 않는 것인지도 몰라. 매혹과 명성과 업적의 세계에 신물이 났을 테고, 그것이 대부분 환상이라는 걸 깨달았을 테니까. 너는 믿음이 눈에 **보이지 않는 것**과 관련이 있다는 걸 발견했기 때문에, 일요일 아침마다 모이는 가식 없는 노르웨이인들의 무리 속에서, 약간은 완고하고, 조용하고, 정직하고, 확실히 어설픈 모습으로 예배드리는 그 무리 속에서 풍성하게 싹트고 있는 보이지 않는 것을 전부 볼 준비가 되어 있었지. 어쨌거나 기자들(그리고 목회자 후보생들도?)이 절대 찾아오지 않을 무어헤드의 바로 그 사람들 사이에서 성령이 일하시고 임재하시는 걸 네가 드러내 보여 줄 때마다 내 마음은 정말 즐거운걸.

네가 쓴 일요일 아침 보고서를 읽을 때, 나는 종종 리처드 윌버(Richard Wilbur)의 이행시가 떠오르더라. 혹시 그 시를 알고 있니?

내 눈은 결코 메마르는 병을 알지 못하리

눈에 보이는 것만을 생각하는 그 병을.

나는 몇 년 전에 안식년을 맞아 교회를 떠나 지낸 적이 있어. 그때 나는 예배를 인도하는 대신, 일요일마다 예배를 인도받는 자리에 있게 되었지. 평소 나는 매주 내가 하는 일 중에서 사람들을 예배로 부르는 일이 가장 중요하다고 생각했으면서도, 때로는 혹시 그것이 **내** 일이기 때문에 지나치게 큰 가치를 두는 것은 아닌가 싶을 때도 있었어. 그런데 그 기간에 예배를 인도받는 일이 예배를 인도하는 일만큼이나 중요하다는 사실을 발견한 거야.

예배를 드리고 난 후 '바깥 세상'을 보면서 나는 자주 그 세상이 참 작다는 생각을 하곤 했어. 이 세상 정치는 얼마나 보잘것없으며, 그 욕망은 얼마나 하찮고, 그 관심은 얼마나 비뚤어져 있는지. 그저 한 시간가량 예배를 드리면서 친구들과 함께 세상의 현실―구원의 거대한 영역과 거룩한 삶을 이루는 작은 부분들―속에서 가야 할 길을 다시 한번 확인한 것뿐인데, 밖에 나와서 보면 너무나 많은 사람이 편협하고 갑갑한 상황 속에서 기꺼이 살려고 한다는 사실이 믿기지 않아 눈을 껌벅거리게 되더라고. 그러나 수많은 정치인, 언론인, 예술가, 연예인, 주식 중개인, 소비자들이 그런 편협한 세상을 실제 세상인 양 착각하며 살기 때문에, 몇 시간 혹은 며칠만 지나면 나 또한 그 가정에 익숙해진 채 그에 따라 살고 있는 모습을 발견하게 되더라고. 그러나가 다시 일요일이 돌아오면 목사님이 "우리 함께 하나님께 예배드립시다"라는 말과 함께 나를 다시 실제의 세계로 부르고, 나는 다시 부분이 아닌 전체로서 실제를 직시하곤 했지.

모든 예배의 부름은 실제 세계로의 부름이야. 너는 나쯤 되면 더 이상 그런 부름을 받을 필요가 없다고 생각하겠지만 그렇지 않아. 나는 끊임없이 널리 퍼지고 있는 거짓말과 날마다 부딪치고, 기술적으로나 조직적으로 왜곡해 놓은 진리와도 날마다 부딪치면서 살아. 그렇기 때문에 내가 붙잡고 있는 실제를 잃어버릴 위험을 항상 안고 있어. 실제란, 하나님이 주권자이시고 그리스도는 구원자시라는 사실이야. 실제란, 기도가 내 모국어고 성만찬이 내 주식이라는 사실이야. 실제란, 마이어스-브리그스 성격유형지표(MBTI)를 통해 내 정체성이 확인되는 것이 아니라 세례를 통해 내 정체성이 확인된다는 사실이야. 실제란, 리언 블로이(Leon Bloy)가 날카롭게 표현한 것처럼 "성인(聖人)이 되지 못한다는 것이 내 유일한 슬픔"이라는 사실이야.

그러나 내 주위에는 이렇게 생각하는 사람들이 많지 않아. 점점 숫자가 줄어드는 적은 수의 무리에 내가 속해 있다는 생각이 들기도 해(물론 공동묘지에 묻힌 사람들의 수까지 포함하면, 내가 좀더 많은 수의 무리에 속해 있다는 것이 확실한 것 같지만). 이러한 것에 대해서 이야기하는 사람들 중 많은 사람에게는 보이지 않는 것을 기다리는 인내심이 없고, 그것을 감지해 내는 기술은 더욱 없어. 그들은 '교회'를 좀더 그들의 구미에 맞게 고치겠다는 의지가 너무도 확고하기 때문에, 이미 있는 것을 알아채고 그것을 감사히 받아들이는 일을 귀찮게 여기지.

그러니 회심(또는 재회심)한 후에 나와 이러한 대화를 시작하고, 청년 시절의 우정을 되찾으며, 예수님의 놀라운 선물인 '친구' 관계를 다시 세우고, 실제 세계의 동지로 합류해 준 네가 내게 얼마나 큰 의미를 주는지 이제는 알겠지?

주님의 평화를 빌며,
유진

이 책에 관하여

나의 아이들이 어릴 때, 우리 집에서 가장 인기 있었던 이야기는 폭풍 치는 날 더글러스 전나무 꼭대기에 앉아 있는 존 뮤어 이야기*였습니다. 천둥 번개가 치고 비가 세차게 내리는 날이면 아내와 나, 세 아이를 포함한 다섯 식구가 현관 옆 발코니의 안전한 자리에 모여 앉아 이 위험한 자연의 불꽃놀이를 즐기곤 했습니다. 그럴 때면 으레 아이들 중 하나가 "아빠, 존 뮤어 이야기 해 주세요!"라고 조르기 마련이었고, 나는 그 이야기를 되풀이해서 들려주곤 했지요.

존 뮤어는 19세기 후반 북미 대륙의 서부 극지에서 활동한 가장 용맹스럽고 존경할 만한 탐험가입니다. 뮤어는 캘리포

* Edwin way Teale, ed., *The Wilderness World of John Muir* (Boston: Houghton Mifflin, 1954), pp. 181-190.

아 시에라에서부터 알래스카의 빙하에 이르기까지, 수십 년간 하나님이 창조하신 신비의 세계를 누비고 다니면서 관찰하고 기록하고 찬양하고 경험했습니다. 그는 무엇을 발견하든지 아이 같은 기쁨과 성숙한 경외심을 가지고 거기에 동화되었지요.

이 기간 중에(1874년), 뮤어는 시에라산의 유바강 지류 중 하나를 끼고 있는 계곡에 아늑하게 자리 잡은 친구의 오두막에 머물렀습니다. 그 집은 황야로 모험을 나갔다가 다시 돌아와 따뜻한 차 한잔을 마시며 쉴 수 있는 곳이었습니다.

12월 어느 날 태평양에서 폭풍이 불어왔습니다. 향나무, 소나무, 마드론, 전나무를 풀잎처럼 꺾어 버릴 만큼 맹렬한 기세였습니다. 사실 이 오두막은 바로 이럴 때 사나운 폭풍을 피하기 위해서 아늑한 은신처로 세운 것입니다. 우리는 존 뮤어와 그 집주인이 바람이 비집고 들어오지 못하는 안전한 오두막에서 양모피를 뒤집어쓴 채, 무자비한 폭풍의 습격에도 꺼지지 않고 타오르는 불 앞에 편안하게 앉아, 자연의 광포함을 우아한 시로 옮기는 모습을 쉽게 상상할 수 있습니다.

그러나 뮤어의 방식에 길들여지지 않은 우리의 상상력은 보기 좋게 빗나가고 맙니다. 왜냐하면 뮤어는 아늑한 오두막으로 피신해 문을 꼭 닫고 장작개비를 하나 더 불에 던져 넣는 대신,

오두막 **바깥** 폭풍 속으로 나가서, 높은 산등성이를 올라, 변화무쌍한 색채와 소리와 냄새와 움직임을 경험할 수 있는 자리로 거대한 더글러스 전나무를 고른 뒤에, 그 꼭대기까지 기어올라가, 폭풍을 이기며, 바람의 채찍을 맞으며, 죽을힘을 다해 버티며, **비바람**을 즐기기 때문입니다. 그는 그 모든 것을, 그 풍부한 관능과 원시의 힘을 받아들입니다.

유바강 계곡의 더글러스 전나무 꼭대기에서 폭풍에 휩싸인 채 앉아 있는 존 뮤어의 이야기를 수없이 반복하는 동안, 이것은 우리 가족에게 그리스도인의 영성을 보여 주는 일종의 표상으로 자리 잡았습니다. 그 후로 이 표상은, 창조자로서 삶과 대면하기보다는 피조물로서 안락하게 지내기를 더 좋아하는 방관자로 살지 않도록 경계하는 변함없는 질책으로서 그 자리를 지켜 왔습니다.

 영성이란 **실제로 사는 삶**에 관한 것입니다. 그리스도인들에게 '영성'(spirituality)은 언제나, 오직 하나님의 성령에게서만 나오는 것입니다. 성경에 쓰인 히브리어와 그리스어에서 '영'(spirit)은 '바람'이나 '미풍' 혹은 '호흡'을 의미합니다. 즉 그 자체로서는 눈에 보이지 않으면서도 눈에 보이는 결과를 낳는 것들을 의미하지요.

이 바람/영은 눈에 보이는 생명과 보이지 않는 생명 모두를 창조했으며(창 1:2), 예수님의 생명을 창조했고(눅 1:35; 3:22), 남녀가 함께 예배하는 교회를 창조했으며(행 2:2-4), 그리스도인 한 사람 한 사람을 창조하고 있습니다(롬 8:11). 이 바람/영이 아니고서는 어떠한 생명에 대해서도 설명할 길이 없습니다.

주의 영을 보내어 그들을 창조하사,

지면을 새롭게 하시나이다. (시 104:30)

영으로 창조된 삶은 혈압이나 맥박으로 측정될 수 있는 삶을 분명히 훨씬 더 넘어서는 것입니다. 식물학과 생물학과 생리학에서 말하는 '생명의 징후들'을 전부 결합시킨다 해도 생명을 설명할 수는 없습니다. 우리의 순환기나 호흡기보다 훨씬 더 복잡한 문제들, 즉 기쁨과 사랑, 믿음과 소망, 진실과 아름다움, 의미와 가치의 문제에까지 확장되지 않는 한, 그것은 이 지구에서 계속 살아오고 있는 평범한 인간들의 '생명'이 될 수 없습니다. 우리 가운데 '영성'이라는 말을 만족할 만하게 정의할 수 있는 사람은 거의 없습니다. 그러나 영성이 있는지 없는지 여부를 모르는 사람 또한 거의 없지요. 그리고 영성이 있을 때 고조되고, 영성이 없을 때 위축된다는 것을 모르는 사람도 없습니다. 생명, 생명, 더 풍성한 생명. 이것이야말로 우리가 가장 절실하게 주리고 목말라하는 것입니다.

그러나 우리가 삶을 살아갈 때 '생명, 생명, 더 풍성한 생명'을 항상 '영, 영, 더 풍성한 영'으로 해석하는 것은 아닙니다. 영, 즉 기독교 용어로 **성령**은 우리 삶 속에 있는 하나님의 생명이며, 우리 안에 거하심으로써 때로는 눈에 보이기도 하고 보이지 않기도 하는 생명의 엄청난 풍성함에 우리를 동참시키는 하나님이십니다. 이 생명의 풍성함은 바로 성령이 창조하시는 것입니다.

우리는 언제부터인가 생명의 영이신 하나님은 전혀 개의치 않은 채 우리 멋대로 생명을 얻으려 하는 나쁜 습관을 갖게 되었습니다. 우리는 계속해서 우리 자신의 신이 되려 하고 있고, 그 결과 계속해서 형편없는 실수를 저지르고 있습니다. 더 심각한 문제는, 최근 하나님과 아무 상관없이 '영성' 그 자체가 좀 더 강렬한 생명을 얻을 수 있는 방법이라는 말이 퍼지고 있다는 점입니다. 영성이 회개와 희생에 따르는 불편과 예수님을 따라 십자가의 길로 갈 때 생기는 위험을 피해 갈 수 있는 일종의 우회로가 된다는 것을 직관적으로 알아챈 것이지요. 그러나 예수님은 그 십자가의 길이야말로 '풍성한 삶'-예수님은 이 복을 우리에게 주시려고 이 땅에 오셨습니다-으로 나아가는 유일한 길이라고 분명히 말씀하셨습니다.

이런 식의 태도, 즉 하나님과 먼저 믿음과 순종의 관계를 맺지 않은 채 하나님의 인가를 받은 이야기들과 일상에서 벗어나 주말의 기분 전환이나 이따금 누리는 성적 즐거움으로 양념을 쳐 가면서 의미 있고 안정적인 삶을 짜 맞추려는 시도를 일반적으로 '종교'라고 합니다. 물론 하나님이 아예 없는 삶을 사는 것은 아닙니다. 그러나 그때의 하나님은 주로 무엇의 배경이나 공급원에 불과할 뿐입니다. 그러니까 하나님은 나에게 생각과 에너지를 제공해 주는 하나의 '속성'이나 '존재'에 불과하며, 그 생각과 에너지를 책임지고 조정하며 뜻에 따라 사용하는 주체는 바로 나인 것이지요! 정도의 차이는 있겠지만, 우리 모두가 이러한 삶을 살고 있습니다.

'종교'(religion)라는 말의 어원에 따른 한 가지 해석은(모든 사람이 이 해석에 동의하는 것은 아닙니다), 그것이 라틴어 *religere*에서 온 것으로서 '끈으로 다시 묶다, 혹은 다시 매다'라는 뜻을 가지고 있다는 것입니다. 이 단어는 수년에 걸쳐 '모든 것을 끌어모아' 존 뮤어가 찾아갔던 유바강을 거닐면서, 전원의 풍경을 즐기고, 만족해하며 휘파람을 불면서 깔끔하게 묶어 놓은 내 '인생'—기억과 교훈, 목표와 우회, 기도와 헌신—의 꾸러미를 들고 가는 모습을 떠오르게 합니다. 그때 갑자기 사나운 폭풍이 거세게 몰아닥쳐 잘 포장해서 안고 있던 꾸러미 안에 있던 것들을 온 계곡과 숲속 사방으로 흩어 버립니다.

그때 나는 어떻게 해야 합니까? 나무 사이를 허둥지둥 뛰어다니고 덤불 사이를 기어 다니면서 미친 듯이 흩어진 내 인생의 조각들을 주워야 할까요? 지나가는 사람들에게 필사적으로 도움을 청하고, 전문가들을 부르며, 무엇이든 건질 수 있는 것들을 찾아 복구해서 제자리로 모은 후(다시 잘 묶어서!) 폭풍이 지나갈 때까지 따뜻하고 안전한 오두막에 숨어 있어야 할까요? 아니면 존 뮤어처럼 산등성이를 타고 올라가 더글러스 전나무 꼭대기에 앉아서 비바람에 나를 노출시킨 채, 내 삶으로 파고 들어오는 '생명'의 침입을 미세한 부분까지 놓치지 않기를 바라면서, 생명을 얻기 위해 언제라도 생명을 잃을 준비(막 8:35)를 해야 할까요?

나에게는 종교의 삶(내 삶도 의미가 있고, 가능하다면 하나님께도 기쁨이 되는 상태를 최선을 다해 유지하려는 조심스럽고 불안한 삶)과 영성의 삶(삶에 대한 열정과, 어떤 상황에서든지 예수님을 따르기 위해

나의 정체성과 안전을 내버리고자 하는 의지)은 이 두 시나리오로 대조됩니다. 내가 원하는 삶은 분명합니다. 나는 비바람 속으로 나가고 싶습니다! 하지만 오히려 바닥을 기어 다니면서 내 인생의 조각들을 주워 모아, 거친 날씨의 영향을 받지 않도록 다시 한번 단단하게 동여매려고 할 때가 종종 있습니다. 사실 이 두 삶의 방식은 공존할 수 있습니다. 안정적이고 책임 있게 매일 정해진 일을 해야 할 영역도 있습니다. 존 뮤어도 평생 더글러스 전나무 위에서 살지는 않았습니다. 그도 대개는 계곡 평지에서 살았습니다. 그는 자기 손으로 지은 오두막에 살면서 손님들을 맞았고, 그들을 위해 식사를 준비했습니다. 그러나 살아 계신 하나님이 언제, 어떻게, 어디로 움직이시든지 기꺼이 반응할 준비가 되어 있지 않은 삶은 참으로 보잘것없는 삶이 될 것입니다. 그러한 삶에서는 얼마 지나지 않아 **생기**가 빠져나오기 때문입니다.

물론 우리는 폭우나 폭풍을 다스릴 수 없습니다. 그것은 우리 의사와 상관없이 일어나는 현상으로, 우리가 관리하거나 지휘할 수 있는 문제가 아닙니다. '생명'을 만들어 내는 화학 공식이 없는 것처럼 '영성'을 만들어 내는 요리법은 없습니다. 예수님이 종교적 삶의 전문가인 니고데모에게 하신 유명한 말씀처럼 말입니다. "너는 바람이 부는 방향을 예측할 수 없다는 것을 잘 알 것이다. 너는 나무 사이를 스치는 바람의 소리는 듣지만, 그 바람이 어디로 와서 어디로 가는지는 모른다. 하나님의 바람, 곧 하나님의 영을 힘입어 '위로부터 태어난' 사람도 다 그와 같다"(요 3:8, 『메시지』).

우리가 할 수 있는 최선은 더 분명하게 깨어 있고 경계할 수 있도록 노력하는 것입니다. 그리하여 **우리가 있는** 곳에 바람이 불 때 그 속으로 나아갈 준비가 되어 있는지 그렇지 않은지, 얼마 안 되는 떡 다섯 개와 물고기 두 마리를 군중에게 나눠 주라는 황당한 명령을 받았을 때 순종할 준비가 되어 있는지 그렇지 않은지, 120명과 함께 약속의 성취를 기다리라는 지시를 받았을 때 기다릴 준비가 되어 있는지 그렇지 않은지, "가져다가…먹고…마시라"는 초대를 받았을 때 그 만찬에 참여할 준비가 되어 있는지 그렇지 않은지를 살피는 것입니다.

'깊어지기'(Growing Deeper) 시리즈에 들어 있는 이 책(『사랑하는 친구에게』는 다섯 권으로 구성된 '깊어지기' 시리즈 가운데 한 책입니다―편집자 주)은, 사나운 폭풍이든 시원한 미풍이든 부드러운 숨결이든 바람이 불기를 기다리는 동안 나와 내 친구 몇 명이 깨어 있고 경계하기 위해 쓴 것입니다. 우리는 생명을 가져다 주시는 성령을 기꺼이 받아들이는 마음을 유지하고 싶었고, 더 키우고 싶었습니다. 이것은 영성에 **관한** 책들이 아닙니다. 단지 성령의 **오심**에 깨어 있기 위해 우리가 한 일들을 기록한 것일 뿐입니다. 새로운 것은 하나도 없습니다. 우리는 단지 그리스도인들이 성령의 임재 가운데서 살기 위해 일반적으로 해 온 일들을 보고하고자 했을 뿐입니다. 우리는 기도하며(웬저린의 책), 설교하고 가르치며(밀러의 책), 영혼에 대해 묵상하고(쇼의 책), 하나님의 백성과 함께 겪은 다양한 경험을 고찰하며(얀시의 책), 예수님의 친구들을 보살핍니다(피터슨의 책).

우리는 확신합니다. '정보의 시대' 속에 살고 있는 우리가 자료는 충분히 얻을 수 있다고 해도, **생명**(**성령**이 만드시는 영성)에 관해서는 언제나 다른 사람들의 증언과 동기 부여를 필요로 한다는 사실을 말입니다.

유진 피터슨

옮긴이 **양혜원**은 서울대 불문과를 졸업하고 수년간 기독교 서적 전문 번역가로 일했다. 이화여대 대학원에서 여성학 석사를 수료했으며 미국 Claremont Graduate University에서 종교학 석사 및 박사 학위를 받았다. 일본 난잔종교문화연구소의 객원 연구원을 거쳐, 현재 이화여자대학교 한국여성연구원에서 연구교수로 재직하고 있다. 지은 책으로 『유진 피터슨 읽기』(IVP), 『교회 언니, 여성을 말하다』, 『교회 언니의 페미니즘 수업』(이상 비아토르)이 있고, 옮긴 책으로 『현실, 하나님의 세계』를 제1권으로 하는 유진 피터슨의 영성 시리즈, 『나는 왜 그리스도인이 되었는가』, 『주님과 거닐다』, 『마침내 드러난 하나님 나라』, 『눈뜬 자들의 영성』, 『인간의 변영』(이상 IVP), 『거북한 십대, 거룩한 십대』, 『쉐퍼의 편지』(이상 홍성사) 등이 있다.

사랑하는 친구에게

초판 발행_ 2018년 4월 11일
초판 4쇄_ 2024년 1월 5일

지은이_ 유진 피터슨
옮긴이_ 양혜원
펴낸이_ 정모세

펴낸곳_ 한국기독학생회출판부
등록번호_ 제2001-000198(1978.6.1)
주소_ 04031 서울시 마포구 동교로 156-10
대표 전화_ (02)337-2257 팩스_ (02)337-2258
영업 전화_ (02)338-2282 팩스_ 080-915-1515
홈페이지_ http://www.ivp.co.kr 이메일_ ivp@ivp.co.kr
ISBN 978-89-328-1619-7

ⓒ 한국기독학생회출판부 2018

책값은 뒤표지에 있습니다.
무단 전재와 복제를 금합니다.